UNIVERSITÉ DE FRANCE.

ACADÉMIE DE STRASBOURG.

FACULTÉ DE THÉOLOGIE PROTESTANTE.

SÉBASTIEN CASTELLION,

SA VIE, SES ŒUVRES ET SA THÉOLOGIE.

Nolimus Ecclesiam discordiis odiisque nostris lacerare, efficere ut doctrina veritatis apud externos male audiat.

(Séb. Castellion.)

THÈSE

PRÉSENTÉE

A LA FACULTÉ DE THÉOLOGIE PROTESTANTE

ET SOUTENUE PUBLIQUEMENT

LE   JANVIER 1867, A   HEURES DU SOIR

POUR OBTENIR LE GRADE DE BACHELIER EN THÉOLOGIE

PAR

ÉMILE BROUSSOUX,
DU POMPIDOU (LOZÈRE).

STRASBOURG,
IMPRIMERIE DE FRÉDÉRIC-CHARLES HEITZ,
RUE DE L'OUTRE 5.

1867.

A LA MÉMOIRE DE MA MÈRE

A MON PÈRE.

E. BROUSSOUX.

A MES PARENTS.

A MES AMIS.

E. BROUSSOUX.

FACULTÉ DE THÉOLOGIE PROTESTANTE.

M. Bruch ✳, Doyen de la Faculté.

MM. Bruch ✳,
Richard,
Reuss ✳,
Schmidt,
Colani,
Lichtenberger, } Professeurs.

M. Schmidt, Président de la soutenance.

MM. Schmidt,
Bruch,
Reuss, } Examinateurs.

La Faculté n'entend ni approuver ni désapprouver les opinions particulières au candidat.

SÉBASTIEN CASTELLION,

SA VIE, SES OEUVRES ET SA THÉOLOGIE.

INTRODUCTION.

Jusqu'ici, les historiens français qui ont daigné consacrer quelques courtes lignes à Sébastien Castellion, ont à peu près oublié de nous faire connaître ses tendances religieuses et le rôle, pourtant considérable, qu'il a joué pendant les controverses du XVIe siècle. On s'est contenté, le plus souvent, de disserter sur le mérite et les défauts de ses traductions de la Bible, de cataloguer ses ouvrages sans en examiner le contenu, et de retracer, sans ordre comme sans précision, les diverses phases de sa vie agitée.

Aussi, grâce à la négligence des uns, à l'indifférence ou aux préventions des autres, pour beaucoup, le nom de Castellion ne rappelle que ses malheurs.

Il a la prétention d'être plus qu'un martyr de la mauvaise fortune.

A bien des égards, en effet, il a devancé son siècle et contribué pour sa part à la restauration du pur Évangile.

C'est lui qui, de tous les théologiens de la Réforme française, sut le mieux mettre en relief le côté pratique du christianisme ; c'est lui qui osa lutter jusqu'au bout contre les deux plus habiles dialecticiens de son temps, Calvin et de Bèze, et sut s'en faire redouter.

Pour ces raisons diverses, il nous a paru bon d'étudier de près sa vie et ses écrits, et d'essayer de corriger, en les relevant, certains jugements par trop sévères.

Les articles biographiques du *Dictionnaire de Bayle* et de la *France protestante*, la brochure qu'un savant de Bâle, M. J. Mæhly a publiée en 1863, sous le titre de : *Sebastian Castellio, ein biographischer Versuch nach den Quellen*, enfin et surtout les ouvrages de *Castellion*, de *Calvin* et de *Th. de Bèze*, cités dans le cours de ce travail, telles ont été nos principales sources.

Elles nous ont révélé un grand nombre de détails précieux, mais dont plusieurs ne sauraient trouver place ici, notre but principal étant de faire connaître Castellion comme chrétien et théologien. Tout homme qui a eu ici-bas une existence bien remplie, se présente sous différentes faces, et l'on est tout naturellement conduit à laisser les yeux se reposer davantage sur le côté qui paraît intéresser le plus. Ce fait est vrai pour Castellion. Il faudrait un volume pour raconter sa vie d'une façon absolument complète, mais il est permis de laisser dans l'ombre certains faits qui importent peu à la théologie et à l'histoire du christianisme.

Que nul ne s'étonne donc, si l'étude que nous allons maintenant aborder, paraît manquer de proportion, dans quelqu'une de ses parties.

I.

Premières années de Sébastien Castellion. — Séjour à Lyon et à Strasbourg.

Un procès-verbal du Petit Conseil de Genève, à la date du 5 avril 1542, donne St-Martin-du-Fresne[1] comme le lieu de naissance de Sébastien Castellion, et ainsi cessent les doutes où l'on a été longtemps, pour savoir dans quelle partie de la France il avait vu le jour.

Plusieurs en effet, sur la foi de certains documents qui le qualifiaient d'*homo Allobrox,* avaient prétendu qu'il était né au pays des Allobroges, en 1515. Mais comme rien n'était moins précis, quelques historiens s'étaient basés sans doute sur des analogies de nom, et l'avaient fait originaire, tantôt de Châtillon en Bresse, tantôt de Châtillon en Savoie, tantôt, comme Guy Allard[2], d'un village du même nom situé dans le Dauphiné.

Le fait seul que le lieu de sa naissance a été si souvent controversé, montre combien dans ses divers ouvrages il a été sobre de détails personnels. Tout ce qu'il nous apprend de sa famille, c'est que son père, pauvre cultivateur de la Bresse, était un homme d'une grande piété et d'une honnêteté à toute épreuve. «*Ou pendre, ou rendre,* disait-il à ses enfants, *ou les peines d'enfer attendre*[3].»

---

[1] Village situé à 5 kilomètres de Nantua (Ain), et chef-lieu d'une commune qui compte 1030 habitants.

[2] Guy-Allard, *Bibliothèque du Dauphiné,* p. 108.

[3] Seb. Castellio, *Defensio ad authorem libri cui titulus est, calumniæ nebulonis,* p. 378, Francofurti 1696.

Il destinait son fils Sébastien à partager avec lui les rudes labeurs des champs, mais les circonstances l'amenèrent plus tard à modifier ses projets. Le caractère plein de douceur du jeune homme, son esprit de sagesse et de prudence, sans doute aussi quelques connaissances puisées dans des livres lus à la lueur du foyer, le firent remarquer d'une riche famille de Lyon, et il fut chargé d'accompagner, en qualité de gouverneur, trois jeunes gens à l'université de cette ville.

C'était une bonne fortune pour Castellion, qui dès sa plus tendre enfance avait montré (il nous le dit lui-même) un goût décidé pour l'étude. A Lyon, il sut mettre à profit les nombreuses ressources que sa position lui créait. Ne pouvant s'entourer de maîtres, il s'entoura de livres et s'adonna à l'étude avec ardeur. Très peu d'années s'étaient écoulées, et déjà le commerce qu'il n'avait cessé d'entretenir avec les écrivains de la Grèce et de Rome, portait ses fruits. Il avait des langues grecque et latine une connaissance suffisante pour être compté au nombre des beaux esprits, qui, à cette époque, affluaient à Lyon.

De l'Italie, le goût des lettres s'y était répandu, et la cour de France qui y passait des hivers entiers pour conclure des traités ou faire des préparatifs de guerre, contribuait par sa présence à activer ce réveil littéraire. Tous ceux qui, à tort ou à raison, avaient voué un culte aux Muses, exerçaient leur verve en son honneur et l'exaltaient dans une poésie aussi légère que les mœurs d'alors. Quelques pièces fugitives que Castellion mit au jour le signalèrent à l'attention du public lettré, et, encouragé par ces premiers succès, le jeune poëte se voua toujours plus à la littérature.

A cette époque de sa vie se rattache un fait que sa conscience délicate devait lui reprocher plus tard. Quelqu'un l'appela un jour *Castalio* au lieu de *Castellio*, traduction latine du nom paternel, qui était *Chateillon :* «J'ai-
«mai ce faux nom, dit-il lui-même, me souvenant de la fon-
«taine de *Castalie* consacrée aux Muses ; il remplaça celui
«de ma famille.... Aujourd'hui je maudis cette faiblesse,
«je ne puis songer à ma vanité sans rougir, et désire être
«appelé Chateillon comme mes pères[1].»

Il ne devait pourtant pas persévérer dans cette voie exclusivement littéraire ; son esprit allait prendre une direction nouvelle et assumer de plus nobles soucis.

En même temps que la Renaissance des lettres, la Renaissance religieuse s'était propagée à Lyon et la Réforme y comptait, lorsque Castellion y arriva, de nombreux prosélytes. On lisait dans la ville les écrits de Luther et la Bible commençait à y être traduite et commentée, même par des théologiens catholiques. D'autre part, le voisinage de Genève, la présence de quelques émigrés italiens, avaient contribué à accélérer le progrès des nouvelles idées, et, nous dit un historien dont le témoignage dans le cas présent ne saurait être suspecté : «En moins
«de dix ans, la nouvelle religion prit à Lyon un dévelop-
«pement des plus surprenants et des plus rapides[2].»

Pour un homme comme Castellion, l'immense révolution qui s'opérait ne pouvait passer inaperçue. Les idées qu'elle semait dans le monde devaient plaire à son esprit indépendant. Il rechercha donc la société de ceux qui s'é-

---

[1] Seb. Castellio, *op. cit.*, p. 583.
[2] De Colonia, jésuite, *Histoire littéraire de la ville de Lyon*, tome II, p. 224.

taient faits à Lyon les dispensateurs de la vérité, puis il voulut fortifier et éclairer lui-même sa foi nouvelle à la lumière de l'Évangile. Il connaissait le grec, il apprit l'hébreu et étudia les Saintes Lettres avec cette ardeur que naguère il avait employée à l'étude des auteurs profanes.

Combien de temps demeura-t-il encore à Lyon après sa conversion au protestantisme? Abandonna-t-il cette ville pour fuir devant la persécution? Ce sont là tout autant de questions auxquelles on ne peut donner de réponses certaines. Quoi qu'il en soit, nous le trouvons à Strasbourg au commencement de 1540.

Le désir de connaître Calvin le conduisit peut-être dans cette ville, illustrée déjà à cette époque par de savants théologiens.

A sa prière le Réformateur qui, selon un usage d'alors, recevait chez lui quelques pensionnaires, avait d'abord consenti à le loger dans sa maison. Mais huit jours après, une certaine dame *du Verger* étant arrivée à Strasbourg accompagnée de son fils et d'un domestique, Calvin pria Castellion de céder sa chambre au laquais et de chercher un logement ailleurs. Néanmoins leurs rapports continuèrent, et le Réformateur s'appliqua à fortifier les croyances du nouveau converti, en même temps qu'il encourageait son goût pour les études bibliques.

Castellion eut bientôt l'occasion d'en témoigner à Calvin toute sa reconnaissance. Pendant le voyage de ce dernier à la diète de Ratisbonne, sa maison se trouva infectée de la peste. Son frère Antoine Calvin, et quelques autres pensionnaires, prièrent Castellion d'obtenir de son hôte qu'il voulût bien les recevoir chez lui. Non-seulement il y réussit, mais il leur céda encore sa chambre et son lit et soigna au péril de sa vie, deux d'entre eux que l'épidémie avait atteints[1].

On comprend que Calvin dut être sensible à une conduite si généreuse. Il paraît qu'il regretta, à cette occasion, de n'avoir pas eu plus d'égards pour Castellion et de lui avoir retiré si vite son hospitalité. Dans tous les cas, il ne devait oublier que plus tard un pareil dévouement. Aussi, lorsque, rappelé par les Genevois, il voulut réorganiser leur collége, il songea au jeune savant dont il avait pu apprécier le mérite, et l'invita à se rendre à Genève pour y professer les belles-lettres.

II.

Castellion à Genève (mai 1541 - juillet 1544). — Il dirige le collège de cette ville. — Sa conduite durant la peste de 1543. — Causes diverses de sa rupture avec Calvin.

Castellion refusa d'abord ces offres, car dans sa modestie il doutait de ses capacités. Enfin il accepta, se réservant de se démettre de sa charge s'il n'y pouvait suffire.

La direction du collége de Genève lui fut confiée, d'abord provisoirement, puis définitivement, lorsqu'on eut perdu tout espoir de voir revenir *Mathurin Cordier* qui enseignait alors à Neufchâtel.

Du reste, ses fonctions étaient aussi considérables que son traitement l'était peu[2]. Il était chargé «*d'apprendre*»

[1] Seb. Castellio, *Defensio ad authorem* etc., p. 387-388. — *Journal helvétique*, mai 1776, p. 79.
[2] Environ 250 francs.

les langues, c'est-à-dire le français, le latin, le grec et l'hébreu ; il n'avait pour l'aider que deux sous-maîtres, et son enseignement, qui commençait dès cinq heures du matin, se continuait presque sans interruption jusqu'au soir. Il devait instruire les enfants sur la foi chrétienne, leur expliquer les principaux auteurs latins, présider les exercices de piété qui avaient lieu pendant le repas des pensionnaires et pendant les récréations, «*pourtant qu'il «nuyst autant à l'esprit comme au corps de retourner »à l'étude incontinent après le repas,*» faire «*translater*» à chacun selon ses forces du grec ou de l'hébreu en latin et en français.

Comme on le voit, la tâche était lourde ; mais le nouveau régent ne se laissa pas rebuter, et grâce à son zèle intelligent, les études prirent à Genève un nouvel essor. Il estimait que le cœur des *escholiers* devait être formé en même temps que leur intelligence, et jugeait que les écrivains du siècle d'Auguste, tous très propres à inspirer aux enfants le goût de la belle latinité, ne parlaient pas suffisamment à leur âme. C'était pour lui de *l'ail et des oignons égyptiens* ; il aspirait à nourrir ses jeunes amis de la *manne du désert*.

Ce fut dans ce but qu'il publia, dès 1542, le premier livre de ses *Dialogi sacri*[1] suivi, l'année d'après, du deuxième et du troisième livres. Castellion y mettait en scène

---

[1] Duplessis-d'Argentré, d'après un *Index* publié par la Sorbonne, et après lui quelques autres auteurs, ont prétendu qu'une édition de ces dialogues avait dû paraître à Lyon dès 1540. C'est une erreur. Il ressort avec évidence de la préface placée en tête des *Dialogorum sacrorum liber secundus et tertius* (Biblioth. de Genève), qu'ils furent expressément composés pour les besoins du collège de Genève et publiés pour la première fois dans cette ville, à l'exception du 4e livre qui parut à Bâle à la fin de 1544.

les principaux personnages de la Bible, et racontait sous une forme dramatique et captivante les évènements les plus intéressants de l'histoire sacrée. «C'est à vous, chers «élèves, disait-il dans une courte préface, que je dédie ce «livre. Lisez-le avec un esprit religieux, apprenez-le «promptement et demandez à Dieu qu'il vous donne pour «l'amour de son fils de bien parler et de bien vivre, afin «que vous deveniez, pour tous ceux qui vous entourent, «des exemples vivants de piété[1].»

Ces dialogues, qui offrent d'ailleurs des difficultés graduées, se distinguent par une très-grande variété d'expressions, des formes pleines de vivacité, un latin pur, élégant, quoique parfois un peu recherché. Tous les critiques ont loué unanimement ce livre, qui eut dès son apparition un immense succès et compta en Angleterre ou en Allemagne plus de 12 éditions[2].

Par ses publications, auxquelles venaient se joindre de savantes leçons, Castellion travaillait ainsi sous les yeux de Calvin à la restauration des lettres dans Genève, lorsque cette ville fut visitée par la peste. Le fléau avait sévi avec une extrême violence pendant la dernière moitié de l'année 1542. Un instant on se crut délivré, mais tout espoir disparut bientôt, car, au mois d'avril 1543, l'épidémie

---

[1] Seb. Castellio, *Dialogorum Sacrorum liber secundus et tertius*, p.2.

[2] La France les adopta à son tour, mais des mains *pieuses* prirent soin de changer le titre de *Dialogi sacri* en celui de *Colloquia sacra* et de faire disparaître le nom de l'hérétique Castellion. Dans la préface d'une de ces éditions (Paris 1748, avec privilége du roi), que nous possédons, on lit le passage suivant qui est caractéristique: «Si Dieu daigne répandre ses bénédictions sur cet ouvrage, *la personne qui le présente* ne pourra assez l'en remercier et ne regrettera *ni la peine qu'elle s'est donnée, ni le temps qu'elle y a employé.*»

reprenait le cours de ses ravages. Pour la seconde fois, les pestiférés réclamèrent les secours de la religion, et, à cet appel, plusieurs pasteurs ne répondirent pas. C'est alors qu'indigné du refus des ministres autant qu'ému de pitié pour les malades, Castellion offrit au Conseil de faire aux pestiférés le sacrifice de sa vie [1].

Or voici maintenant ce que raconte de Bèze : «Comme «il était nécessaire qu'il y eut un pasteur qui eût le soin «de visiter les pestiférés, et que la plupart craignaient de «s'exposer au péril qui est inséparable de cet emploi, «Calvin, Sébastien Castellion, et Pierre Blanchet s'offrirent «pour cela. On les obligea donc de tirer au sort, et Castel-«lion ayant été désigné, refusa avec impudence de se char-«ger de ce fardeau ; mais Blanchet témoigna qu'il était ra-«vi de suppléer à son défaut, et ainsi quoique Calvin vou-«lut éprouver le sort une deuxième fois, les Seigneurs »l'en empêchèrent [2].»

Quelle est la valeur de cette affirmation que tant d'historiens, depuis le chroniqueur *Roset*, jusqu'à M. *Jules Bonnet*, ont reproduite sur la foi de Théodore de Bèze, avec une unanimité si parfaite ? Un fait est certain, c'est que l'offre de Castellion ne fut pas mise à profit. Est-ce parce qu'il la retira «*avec impudence?*» ou est-ce parce que le conseil ne voulut pas l'accepter ? Telle est la double question qu'il est permis de se poser.

Remarquons d'abord contre la première hypothèse : 1° Que le témoignage de T. de Bèze est considérablement invalidé par le fait qu'il a été l'ennemi de Castellion, et que, dans le courant de ce travail, nous aurons à nous

[1] Registres du Petit Conseil, 1er mai 1543.
[2] Théodore de Bèze, *Vie de Calvin*, p. 42, Genève 1832.

inscrire en faux contre plusieurs de ses assertions; 2° que Calvin ne parle jamais de cette prétendue défection, même lorsqu'il se laisse aller à critiquer avec la dernière violence la vie privée de Castellion ; 3° que les registres du Conseil, pourtant si minutieux, n'y font pas même allusion.

Ce n'est pas tout. Dans cette hypothèse, la conduite du régent devient pour nous une énigme. Redouta-t-il les atteintes du fléau ? Mais à Strasbourg il avait fait ses preuves. Fut-il irrité de ce que le Conseil consentait sans trop de peine à le sacrifier, alors qu'il ne permettait pas à Calvin de braver le danger ? Mais un sentiment semblable ne vient pas obscurcir la sérénité d'âme de celui qui se dévoue, et d'ailleurs M. Mæhly qui a fait cette supposition, semble ne pas avoir remarqué que, d'après le récit de Th. de Bèze, leurs Seigneuries ne défendirent à Calvin d'exposer sa vie, qu'après le refus de Castellion.

Combien la seconde hypothèse nous paraît plus naturelle. Ni le Conseil, ni Calvin, ne pouvaient accepter les offres du régent.

Castellion n'était pas moins nécessaire au collège que Calvin à l'Église. Puis, fallait-il envoyer un homme qui avait prêché quelquefois, mais qui n'était encore revêtu d'aucun caractère ecclésiastique, aux pestiférés qui réclamaient un pasteur ? Calvin irait plutôt lui-même. Mais le Conseil ne le permettant pas, Blanchet se dévouera et ira chercher à *Plainpalais* une mort glorieuse. Voilà selon nous, comment les faits *durent* se passer, et nous n'hésitons pas à considérer l'accusation de T. de Bèze comme gratuitement calomnieuse.

La conduite de Castellion dans cette circonstance fut

d'ailleurs si peu équivoque, que ses rapports avec Calvin continuèrent à être excellents. *Viret* qui se trouvait alors à Genève, le tenait en très-haute estime, et le recevait fréquemment chez lui. C'est à ces deux Réformateurs que le régent avait communiqué son projet de traduire la Bible en un latin plus élégant, espérant, disait-il, en faciliter la lecture; et l'un et l'autre l'avaient vivement encouragé à donner suite à cette idée. Pourtant, le moment n'était pas éloigné où ces relations affectueuses allaient faire place à la froideur d'abord, puis à la haine.

Depuis quelque temps Castellion nourrissait le désir de se consacrer plus directement au service de l'Église et de devenir un de ses pasteurs. Il alléguait que depuis son arrivée à Genève, il prêchait à Vandœuvres[1] tous les dimanches, et que d'autre part sa conduite lui rendait un parfait témoignage. Mais Calvin hésitait à accueillir sa demande, car l'orthodoxie du régent lui était devenue suspecte.

Sur ces entrefaites, un des pasteurs de Genève dont la conduite n'avait guère honoré le ministère, le sieur Champereau, fut relégué à la campagne, et Castellion demanda qu'on lui confiât le poste devenu vacant. Les Seigneurs y étaient assez portés, lorsque le 14 janvier 1544, Calvin se présenta devant eux, et déclara: «que bien que Maistre «Bastian fut un savant homme, il avait cependant *quelque* «*opinion* qui l'empêchait d'être capable pour le minis- «tère.» Il proposa en outre, «que remontrances lui fussent «faites de mieux veiller sur les enfants[2].»

[1] Petite église aux environs de Genève.
[2] Registres du Conseil, 14 janvier 1544. — E. Bétant, *Notice sur le collège de Rive*, Genève 1866.

Que s'était-il passé entre eux?

S'il faut en croire de Bèze, la traduction de la Bible, que Castellion préparait, était remplie de fautes, et son auteur qui «sous une modestie apparente cachait une «ambition impertinente et ridicule,» refusait «avec son «opiniâtreté ordinaire» de les corriger suivant les conseils de Calvin[1]. La vérité est que cette traduction fut cause de leur rupture. Il n'y a rien d'impossible à ce que Castellion, dans son désir de mener promptement son travail à bonne fin, n'ait pas apporté dans l'accomplissement de ses fonctions de professeur le même zèle qu'autrefois, mais ce qui poussa surtout Calvin à prendre une semblable attitude vis-à-vis de son ancien ami, ce furent certaines opinions de ce dernier qui étaient passées dans sa traduction et dont il ne voulait rien rabattre.

Cependant les membres du Conseil, qui n'avaient qu'à se louer du régent, étaient peu disposés à repousser sa demande sur la simple invitation de Calvin. Ils décidèrent que le corps des pasteurs l'interrogerait sur sa doctrine, et que rapport leur en serait fait.

Se basant sur I Pierre III, 18; IV, 6, Calvin avait soutenu dans son *Institution* puis dans son *Catéchisme*, que Christ avait non-seulement souffert la mort naturelle, mais qu'il avait dû encore, comme s'il était délaissé de Dieu, endurer momentanément tous les tourments des damnés, afin de *satisfaire au nom des pécheurs.*

Lorsqu'on demanda à Castellion s'il acceptait cette doctrine, celui-ci, sans prétendre en juger la valeur, déclara qu'il la repoussait parce qu'elle reposait sur une fausse

---

[1] De Bèze, *Vie de Calvin*, p. 47-48.

exégèse. Selon lui, il fallait entendre par ces mots : *les esprits qui sont en prison*, les contemporains de Noé qui n'avaient pas été convaincus par la foi du patriarche, et comme on lui objectait le passage du Symbole : *il est descendu aux enfers* il soutint que ce n'était que la répétition de «*il a été enseveli*,» attendu que tous les articles du Symbole sont répétés deux fois [1].

Cette discussion prit plusieurs séances ; puis comme Castellion avait aussi déclaré qu'il ne pouvait interpréter le Cantique des Cantiques selon la tradition, et le ranger au nombre des livres sacrés, cette question fut à son tour abordée le 28 janvier 1544. Calvin eut aimé que la controverse fut publique ; le Conseil plus prudent, décida qu'elle aurait lieu devant ses délégués et le corps des pasteurs.

Ici encore, Castellion s'expliqua avec la plus entière franchise. Il déclara : que le Cantique de Salomon n'était qu'un chant d'amour, que notamment le chapitre VII en trahissait le véritable esprit, que la Piété n'avait aucun intérêt à le lire et que sa place n'était pas dans le canon des Écritures. — «Tu t'élèves, objectait Calvin, contre l'o-«pinion de l'Église qui n'a jamais émis de pareils doutes» et il faisait remarquer que le Psaume XLV ne différait pas quant à la forme du Cantique des Cantiques. — A quoi son adversaire répondait, qu'il y avait lieu de reconnaître dans ce livre tous les caractères de l'épithalame, et que c'était faire injure à l'Esprit Saint que de supposer qu'il se fut servi d'images aussi profondément charnelles pour chanter l'union de Christ et de l'Église.

[1] Voir J. Mæhly, *op. cit.*, pièces justificatives, II, p. 111.

Mais ainsi qu'on pouvait le prévoir, le résultat de la dispute ne fut pas favorable à Castellion. Conformément à l'avis des pasteurs, le Conseil jugea «qu'il y aurait scandale» à consacrer au Ministère un homme qui osait mettre en doute l'autorité du Canon des Écritures, et il l'invita, en conséquence, à cesser toute discussion sur ce sujet [1].

Cet arrêt remplit d'amertume le cœur de Castellion. Un instant, il songea à aller professer à Lausanne où quelques amis l'appelaient; puis, il se décida à rester. Il lui semblait étrange que les pasteurs pour quelques divergences d'opinion, refusassent de l'admettre dans leurs rangs, alors qu'ils maintenaient parmi eux des hommes dont la vie était un outrage pour la morale, et, ce que d'autres eussent pensé tout bas, il le disait tout haut. Cette franchise allait achever de le perdre dans l'esprit de Calvin.

A cette époque, des conférences étaient tenues à Genève toutes les semaines. Un passage de l'Écriture était choisi, et chacun avait le droit de prendre la parole pour l'expliquer ou en faire ressortir les enseignements. Le 30 mai 1544 une de ces assemblées se tint sous la présidence de Calvin. Les assistants étaient au nombre de soixante, et Castellion parmi eux. Le texte était celui-ci : *Montrons-nous ministres de Dieu par une grande patience* (etc.) [2]. Calvin avait déjà pris la parole; Castellion la demanda à son tour et déclara que la conduite des ministres était en complet désaccord avec l'exemple et l'enseignement de St-Paul. «L'apôtre, dit-il, servait la cause «de Dieu, et c'est à nos propres intérêts que nous nous dé-

---

[1] Registres du Conseil, 28 janvier 1544.
[2] II Corinth. VI, 4.

«vouons; il était le plus patient des hommes, et rien n'égale
«notre impatience; il employait ses veilles à édifier l'Église,
«nous les consacrons au jeu; les dissensions faisaient son
«tourment, nous les provoquons; il était chaste, nous
«sommes impudiques; il fut chargé de fers, mais n'en-
«chaîna jamais personne; il avait recours à Dieu, et non
«pas au bras séculier; et s'il fut persécuté, il ne persécuta
«jamais les innocents[1].»

Ce discours irrita au plus haut point les assistants. Sans doute le parallèle que Castellion venait d'établir était vrai pour quelques-uns des pasteurs[2], mais il se rendit injuste en enveloppant dans son blâme le corps ecclésiastique tout entier; Calvin et ses collègues n'y virent qu'une injure sanglante, et le lendemain 31 mai, ils le dénoncèrent au Conseil. Celui-ci évoqua donc l'affaire à son tribunal, et le 12 juin, Castellion et les délégués des pasteurs comparaissaient devant lui. Il lui parut sans doute qu'il y avait des torts des deux côtés, car, après «*bonnes remontrances*», il ordonna «que de part et d'autre, toute haine, rancune et «malveillance fussent mises bas, qu'ils eussent à se par-«donner réciproquement et à vivre désormais en bonne «intelligence. Quant à ce que Me *Bastian* n'a pas suffisam-«ment justifié *ses proposites,* il devra cesser toutes fonc-«tions ecclésiastiques[3] jusqu'au bon plaisir de leurs Sei-«gneuries[4].»

[1] Lettre de Calvin à Farel du 31 mai 1544 (Biblioth. de Genève).

[2] De 1542 à 1546 neuf furent chassés. C'étaient Nicolas Vandart, Claude Baud, Champereau, etc.

[3] Il faut entendre par là ses prédications à Vandœuvres, et ses explications de la Bible au collège.

[4] Registres du Conseil du 12 juin 1544. — Voyez encore E. Bétant, *op. cit.,* p. 13-15.

Ainsi la position de Castellion devenait de plus en plus fausse. Ses services étaient méconnus, ses anciennes relations d'amitié avec Calvin entièrement rompues, et pour les renouer, il eût fallu accepter une tutelle qui lui répugnait. Il songea à quitter Genève. Il venait de se marier, mais ces raisons de famille furent impuissantes pour le retenir, et le 11 juillet il offrit sa démission de régent, qui fut acceptée. Avant de prendre congé de Calvin, il voulut que celui-ci rendît par écrit témoignage à son passé, et le Réformateur y consentit volontiers. — «Afin que personne ne suppose,» lit-on dans ce document, qui nous a été conservé, «que notre Sébastien nous a quitté pour un motif «peu avouable, nous voulons que chacun sache, que c'est «*librement* qu'il s'est démis de ses fonctions de profes-«seur.... Sa conduite nous l'avait fait juger digne du «St-Ministère, et s'il n'a pas été consacré, ce n'est pas «qu'il y eût quelque tache dans sa vie, ni qu'il regardât «comme impie quelqu'un des principaux dogmes de notre «foi, c'est uniquement à cause de ses opinions sur le Can-«tique de Salomon et la descente du Christ aux enfers[1].»

Bèze n'en a pas moins soutenu[2] que Castellion fut violemment enlevé à ses fonctions de professeur, et chassé ignominieusement de Genève. On voit d'après cela, quel degré de créance doit être accordé à son témoignage, qu'égarent si souvent la haine et l'esprit de parti.

---

[1] Seb. Castellio, *Defensio ad authorem* etc., p. 381. — J. Mæhly, *op. cit.*, pièces justificatives, p. 111.
[2] De Bèze, *Vie de Calvin*, p. 47-48.

III.

Castellion à Bâle (1544-1563). — Sa pauvreté et ses premières publications. — Il est nommé professeur de langue grecque. — Nouvelles publications.

Nous ne nous arrêterons pas à discuter l'opinion d'après laquelle Castellion aurait demandé d'abord un asile aux États de Berne, mais n'aurait pas tardé à en être chassé, à cause de ses hérésies. Bèze déclare positivement qu'il se rendit directement à Bâle; et le fait que le Sénat de Berne offrait quelques années plus tard (1562) une chaire de professeur à Castellion détruit complètement une assertion que son auteur [1] n'appuie d'aucun témoignage précis.

Bâle était d'ailleurs la ville qui devait se recommander la première à son attention. Elle offrait aux savants une tolérance qu'ils auraient vainement cherchée ailleurs. C'était là que Martin Borrhée, Lœlius Socin, Cælio Curione, avaient trouvé un refuge contre la persécution; ce fut là aussi que Castellion chercha un asile.

Il était venu pensant se créer par son travail une position honorable, mais tout sembla aller contre ses espérances. Les chaires de l'Académie étaient occupées, ses ressources, qui étaient modiques, ne tardèrent pas à s'épuiser, et le savant dont la famille venait de s'augmenter de deux enfants, se trouva plongé dans la plus horrible détresse.

[1] Teissier, *Éloge des hommes savants*, tome I, p. 237.

Trop fier pour implorer le secours d'autrui, trop vertueux pour triompher de la mauvaise fortune au prix de quelque bassesse, Castellion travailla de ses mains.

La nécessité rend ingénieux. Enflé par les pluies, le Rhin entraînait dans son cours une grande quantité de bois que la municipalité de Bâle permettait de saisir au passage. Elle accordait même des primes à ceux qui en arrêtaient le plus. Castellion se livra comme beaucoup d'autres à cette pêche d'ordinaire peu lucrative, et grâce à son adresse, le bois qu'il recueillit dépassa ses besoins [1]. En même temps, il utilisait le jardin qui dépendait d'une humble maison louée sur les bords du fleuve, en y cultivant des plantes d'agrément qu'il vendait ensuite aux amateurs.

En présence d'une pareille détresse, il semble impossible qu'il puisse venir au cœur un autre sentiment que celui d'une profonde pitié. Calvin, mal informé ou emporté par sa haine, osa pourtant qualifier de vol le fait d'avoir arraché au Rhin le bois qu'il entraînait dans ses eaux, et Castellion, indigné jusqu'aux larmes, représenta à son ancien ami combien une semblable accusation était injuste et odieuse [2].

Mais les ressources qu'il se créait ainsi étaient loin de lui suffire ; heureusement que ses talents mieux appréciés, peut-être aussi quelques services rendus, lui valurent l'amitié et la protection de plusieurs opulents personnages, parmi lesquels se placent, le jurisconsulte *Bonifacius Amer-*

---

[1] Il vendait celui qui était de reste, après l'avoir lui-même, fendu et scié. De là l'erreur du jésuite *Garasse,* qui prétend que Castellion était *charpentier* de son état.

[2] Castellion, *Defensio ad authorem* etc., p. 574.

bach, et les *Argentieri.* Par des moyens détournés et des procédés pleins de délicatesse, ils réussirent à lui faire accepter quelques légers secours. Il est touchant de l'entendre exprimer sa reconnaissance envers la Providence : «Comment ne pas bénir Dieu, disait-il, tout le temps de «ma vie. C'est lui qui m'a protégé sur la terre d'exil, c'est «lui qui est venu à mon aide lorsque j'étais sans ressources, «sans bien, sans traitement. Toujours il m'a donné des «preuves de son infinie bonté [1]....»

Cependant, malgré les obstacles que sa pauvreté lui suscitait sans cesse, Castellion n'avait jamais renoncé à ses chères études, et le temps qu'il leur dérobait le jour, il le regagnait la nuit par des veilles prolongées. Lorsqu'il était arrivé à Bâle, plusieurs travaux étaient prêts à être publiés, mais la difficulté était de se procurer un éditeur. *Jean Oporin,* savant lui-même, sût le premier apprécier Castellion, et imprima successivement divers ouvrages écrits en vue des écoles. Ce furent d'abord en 1545 : une édition, cette fois complète, des *Dialogi sacri* et un poëme en l'honneur de Jonas qui parut sous le titre de *Jonas propheta, carmine latino heroico* et qui dans l'esprit de son auteur était destiné à remplacer Catulle et Ovide. Ce livre, qui eut à Bâle trois éditions successives, fut suivi presque immédiatement du ΠΡΟΔΡΟΜΟΣ *sive Præcursor, id est vita Joannis Baptistæ.* Écrit en vers grecs, ce nouveau poëme n'eut pas le succès du précédent, non plus que le *Sirillus sive egloga de nativitate Christi.* Enfin en 1546 parurent chez Isengrin : *Xenophontis oratoris et historici opera quæ græce extant a Sebast. Cas-*

[1] Seb. Castellio, *Psalterium reliquaque Carmina,* p. 5, Basileæ 1547.

talione repurgata et recognita; et *Mosis Institutio Reipublicæ Græco-latina ex Josepho in gratiam puerorum decerpta ad discendam non solum Græcam verum etiam Latinam Linguam una cum pietate ac religione*[1].

Parallèlement à ces publications d'un intérêt exclusivement pédagogique, Castellion mettait au jour d'autres ouvrages qui nous intéressent davantage à cause de leur caractère théologique.

On a vu que durant son séjour à Genève il s'était occupé activement d'une traduction latine de la Bible. Elle était maintenant presque terminée, mais avant de livrer à l'impression cette œuvre capitale, il voulut se faire connaître du public chrétien par quelques essais de traduction, destinés en outre à provoquer les critiques des savants contemporains. C'est ainsi qu'en 1546 parut sous le titre de : *Moses Latinus ex Hebræo factus* une traduction du Pentateuque accompagnée de notes et d'une préface où il émet des idées à certains égards très-remarquables.

Pour Castellion, Moïse est le plus illustre des philosophes, sa législation est admirable, et sur plusieurs points on a eu tort de s'en écarter. «Ne vaudrait-il pas mieux, «par exemple, faire payer au voleur quatre fois le prix de «l'objet volé, ou l'enfermer dans une maison pour qu'il y «travaillât et se rendît utile à la société que de lui arra-«cher la vie? Mais non, on le pend pour une faute minime, «qu'on l'empêche ainsi de réparer, et sa chair, chose «horrible à dire, sert de pâture aux corbeaux. L'homme «n'est-il donc plus le chef-d'œuvre de la création, et n'est-

---

[1] C'est encore en 1546 que furent publiés les *Sibyllina oracula de græco in Latinum conversa et in eadem Annotationes, Seb. Castalione interprete.*

« ce pas faire injure à Dieu que d'abandonner ainsi le ca-
« davre des suppliciés ? On est si indulgent pour les dé-
« bauchés et les adultères ! Ici encore, la loi de Moïse devrait
« être remise en vigueur, mais les prêtres ne voudront pas
« sévir contre eux-mêmes.... »

Cet essai de traduction diversement apprécié par les amis et les ennemis de Castellion, mit néanmoins en évidence ses talents d'interprétation. Son *Psalterium reliquaque Sacrarum Litterarum carmina et precationes*, publié en 1547, eut en moins de dix ans plus de quatre éditions, et acheva de préparer les voies à sa traduction latine de la Bible qui parut en 1551 [1] en même temps que les *Odæ in Psalmos XL et odæ in carmina Mosis duæ*.

Mais ces pubications eurent un autre résultat; elles désignèrent enfin Castellion à l'attention de l'Académie, et en janvier 1552 [2], sous le décanat de Cælio Curione et le rectorat de Sulcer, il fut chargé de l'enseignement du Grec. Il appartenait dans la Faculté des arts à la classe des *laureandi* et recevait en cette qualité un traitement de 180 francs environ. Le professeur devait lire quatre fois par semaine un auteur grec, de préférence Homère, Isocrate, Thucydide, et une fois par mois, guider les jeunes gens dans l'art de la déclamation.

Sans doute cette charge était peu rétribuée, mais elle permettait à Castellion de se livrer à des travaux particuliers. Il avait été pêcheur, jardinier ; il se fit, à ses moments de loisir, correcteur d'imprimerie, et travailla chez Oporin

---

[1] Nous n'en dirons rien ici, afin de ne pas avoir à nous répéter.

[2] Herzog *(Athenæ Rauricæ)* prétend que ce fut en 1553. La date donnée par M. Mæhly qui a consulté les registres de l'Académie, est à préférer. Nous la lui avons empruntée, ainsi que quelques-uns des détails qui suivent.

en compagnie de Curione. En outre, il recevait chez lui à titre de pensionnaires, quelques jeunes gens dont il faisait l'éducation. C'étaient Basile Amerbach, le fils de son ami Nicolas Zerchintes, juriste Bernois, et plusieurs autres ; enfants studieux en qui le professeur espérait, dont il développait le cœur et l'intelligence, et qui bientôt allaient devenir pour lui, des disciples fidèles et des amis dévoués.

Tant d'occupations devaient, semble-t-il, l'absorber entièrement ; mais au XVIe siècle les savants ne connaissaient pas le repos, et Castellion était un de ces hommes qui devaient étonner la postérité par leur énergie et leur prodigieuse fécondité. Il venait à peine d'être nommé professeur, qu'il publiait, dans l'intérêt de ses élèves, une traduction latine de *Thucydide* d'après celle de Laurent Valla. Puis vinrent, en 1555 : *Xenophon de republica Atheniensium, interprete Seb. Castalione ;* en 1558 : une édition revue et corrigée de la traduction latine d'*Hérodote* que Laurent Valla avait publiée en Italie ; en 1559 : *Diodori Siculi bibliothecæ historicæ libri XV, quorum quinque nunc primum eduntur latine, Sebast. Castellione totius operis correctore, partim interprete.* Enfin en 1561 paraissait un dernier ouvrage pédagogique sous le titre de : *Homeri opera græco-latina.*

Pendant que par ses recherches philologiques, en éditant les chefs-d'œuvres de la littérature grecque, Castellion favorisait les bonnes études, il servait encore les intérêts de la piété chrétienne en publiant une traduction française de la Bible, et en essayant de vulgariser les deux plus belles productions du mysticisme allemand. Nous avons nommé la *Théologie germanique* et l'*Imitation de Jésus-Christ.*

Le premier de ces ouvrages semble dans quelques passages favoriser l'anabaptisme, et s'écarte, dans tous les cas, en plusieurs points de la théologie du XVIe siècle. Aussi, les amis de Castellion l'engagèrent-ils à ne pas le publier sous son nom. Il parut en 1557 sous le titre de : *Theologia Germanica, libellus aureus, quomodo sit exuendus vetus homo induendusque novus, ex germanico anonymi Equitis Teutonici translatus, studio Ioannis Theophili* [1].

D'une tendance en général morale et pratique, ce livre, que Luther tenait en haute estime, avait paru à Castellion devoir profiter à toutes les âmes pieuses ; mais ses ennemis qui l'avaient deviné sous le pseudonyme de *Jean Théophile*, ne l'en accusèrent pas moins d'avoir voulu prêcher l'anabaptisme. Sa traduction de l'*Imitation* (1562), dont il avait retranché le quatrième livre à cause du peu d'intérêt qu'il offrait pour des lecteurs protestants, rencontra moins d'opposition. Écrit pour la première fois en un latin élégant, le célèbre ouvrage d'A. Kempis fit, grâce à son nouvel interprète, un pas de plus vers la prodigieuse popularité qu'il ne devait pas tarder à acquérir.

Professeur apprécié, auteur estimé, il semble que Castellion eut dû jouir enfin de cette paix qui est la récompense ordinaire des travaux du sage. Mais ce n'est pas impunément que les cœurs généreux prennent la défense du faible ou soutiennent les droits sacrés de la vérité. Castellion devait l'éprouver dans le courant des longues controverses qu'il soutint contre Calvin et de Bèze, et dont nous allons maintenant retracer l'histoire, en faisant connaître certains de ses ouvrages, dont nous avons jusqu'ici, et à dessein, négligé de parler.

[1] La même année Castellion en donna une traduction française.

IV.

Controverse sur la tolérance des hérétiques. — Castellion et quelques autres savants Bâlois contre Calvin et Théodore de Bèze (1553-1554).

Ainsi que nous l'avons vu, Bâle offrait un refuge assuré à ceux qui en se séparant de Rome, prétendaient n'abdiquer leur liberté entre les mains de personne. Ne nous étonnons donc pas d'y rencontrer un certain nombre de savants prêts à s'opposer à tous ceux qui, de diverses manières, essayeraient de restreindre leurs franchises. Pour eux, sans s'inquiéter de savoir si l'unité de foi n'était pas alors pour le protestantisme une question de vie ou de mort, peu soucieux de résoudre les mystérieux problèmes que l'Évangile s'était contenté de poser sans en donner la solution, ils eussent voulu que chacun fût libre de s'approprier comme il la comprendrait la vérité religieuse; et Castellion qui occupait un rang distingué parmi ces théologiens, ne cessait pour sa part de protester en paroles et par écrit contre l'intolérance du siècle. Déjà en 1551, dans les notes et la préface qui accompagnaient sa Bible latine, il avait plaidé avec éloquence la cause des hérétiques.

«Autant il serait ridicule, disait-il, de parer le coup qui «nous est porté, à l'aide d'une belle harangue, autant il «est absurde de combattre par le glaive les opinions d'un «contradicteur [1].... Dissipons plutôt les préjugés par «l'instruction, triomphons des injures par la patience et

---

[1] Seb. Castellio, *Biblia latina*, annot. in *II Corinth.* X, 4.

«de l'orgueil par la modestie; que la clémence s'oppose à
«la cruauté et que la sincérité d'un cœur religieux et pur
«qui s'étudie à plaire à Dieu, terrasse l'hypocrisie. Voilà
«les véritables armes du Christianisme et les seules qui
«donnent la victoire.... Cessons donc de confier au bour-
«reau le rôle du docteur [1].»

Ces idées éminemment chrétiennes avaient trouvé à
Bâle de nombreux partisans, lorsque la nouvelle s'y ré-
pandit, que le 13 août 1553, Servet avait été arrêté par
les ordres de Calvin, que son procès s'instruisait, et que
sa condamnation paraissait imminente. L'affaire de Bolsec
avait en 1551 indisposé beaucoup de bons esprits contre
Calvin; l'indignation fut cette fois à peu près générale.
Quelqu'un partait-il pour Genève? on lui recommandait
de s'observer soigneusement, ou on lui disait en riant:
« *Vous allez donc voir le nouveau pape?* » Certains repous-
saient comme une injure le nom de *Calviniste*, d'autres
déclaraient avec Castellion, que Servet était un homme de
bien et qu'il n'appartenait ni à Calvin ni à personne de le
condamner [2].

De son côté, le clergé de Bâle consulté avait conseillé
«d'employer tous les moyens propres à ramener le pri-
sonnier», mais on n'eut pas égard à ses vœux et Servet
monta sur le bûcher le 27 octobre.

Ses cendres fumaient encore, et déjà Calvin portait la
peine de son intolérance. A Genève et ailleurs ses ennemis l'accusaient d'agir dans l'intérêt de sa *«suprématie
spirituelle»* plutôt que dans l'intérêt de l'Église, et parmi
ses amis eux-mêmes, plusieurs regardaient la condamna-

---

[1] Seb. Castellio, *Biblia latina, sub præf.*
[2] Calvini *Opuscula*, p. 1521.

tion de Servet comme une calamité pour le protestantisme. Le Réformateur sentit qu'il devait expliquer sa conduite et écrivit au commencement de 1554 sa «*Defensio orthodoxæ fidei de sacra Trinitate* etc.», où il exposait les erreurs de Servet, et soutenait qu'il est permis de punir les hérétiques par le glaive.

Mais cette apologie était à peine publiée que l'on vit paraître un ouvrage destiné à soutenir la thèse contraire, et qui doit être considéré comme une réponse à Calvin, bien que ce dernier n'y soit jamais directement attaqué. C'était le *De hæreticis an sint persequendi et omnino quomodo sit cum eis agendum, doctorum virorum tum veterum, tum recentiorum sententiæ*[1].

Ce livre, aujourd'hui très-rare, se compose comme son titre l'indique d'un certain nombre d'écrits en faveur de la tolérance; les uns simplement recueillis, les autres composés expressément pour la circonstance. Les écrits originaux sont :

1° Une préface de *Martin Bellius* destinée à donner une définition exacte de l'hérétique, et à faire voir comment on doit se comporter à son égard.

2° Une dissertation de *George Kleinberg* où il montre combien les persécutions sont nuisibles à l'humanité;

3° Et la Réfutation par *Basile Montfort,* de tout ce qu'on allègue généralement pour les justifier.

4° Un discours très-bref d'*Augustinus Eleuthérus* sur la tolérance.

Quels sont les noms historiques qui se cachent sous ces divers pseudonymes?

---

[1] Le texte porte : *A Magdebourg,* par *George Rausch*, mais une opinion assez générale est qu'il faut lire : *A Bâle,* par *Jean Oporin.*

On peut hésiter en ce qui concerne Kleinberg, Montfort, Eleuthère; Calvin et de Bèze y ont vu : Martin Borrhée, Lœlius Socin, Secundo Curione[1], et il ne paraît pas qu'aucune donnée historique soit contraire à cette opinion. Mais quant à Martin Bellius, il est connu ; c'est Sébastien Castellion. Théodore de Bèze le dit positivement, Calvin le donne à entendre, et la plupart des historiens lui attribuent la préface et la rédaction générale de l'ouvrage.

Sur le point d'y répondre, de Bèze, quoique moralement persuadé que le livre était de Castellion, voulut en être plus sûr encore, et demanda à un médecin de Bâle, Guillaume Gratarolus, des renseignements précis. Dans sa réponse, Gratarolus affirma que non-seulement Castellion en était l'auteur, mais que le frère de ce dernier avait été chargé de porter à Lyon une traduction française[2] du même ouvrage, pour y être imprimée secrètement. Quelques doutes resteraient encore, qu'ils seraient complétement levés par une simple comparaison de la préface du *de Hæreticis* avec celle de la Bible latine. Ce sont les mêmes idées exprimées dans des termes presque identiques. Les expressions : *Jubere ut, christiana respublica, cor mundum,* qui sont particulières à Castellion s'y rencontrent à chaque pas, ainsi que les diminutifs dont il aimait tant à faire usage. Enfin l'intérêt que l'auteur prend aux malheurs de la France, trahit un cœur français, et l'homme que les mêmes sympathies devaient quelque temps après (1555) pousser à écrire son *Conseil à la France désolée,*

---

[1] Jules Bonnet, *Lettres françaises de Calvin*, tome II, p. 23. — De Bèze, *Vie de Calvin*, p. 87-88.

[2] Elle est pour le moins aussi rare que l'original.

lequel était aussi un appel à la concorde et un éloquent plaidoyer en faveur de la liberté de conscience [1].

Si maintenant nous examinons le contenu de ce livre, en insistant de préférence sur la partie qui est l'œuvre de Castellion, nous verrons qu'il contraste d'une façon singulière avec les autres productions de l'époque. —

Dans sa préface adressée au duc de Wurtemberg, *Bellius*, ou plutôt Castellion, établit d'abord que persécuter les hérétiques est une chose aussi injuste que contraire aux enseignements de Christ, et il développe cette idée d'une manière très-ingénieuse.

« Prince illustre, dit-il, si partant pour un long voyage,
« tu avais annoncé à tes sujets que tu retournerais auprès
« d'eux à une époque indéterminée ; si tu leur avais or-
« donné de se faire des vêtements blancs et de venir ainsi
« vêtus au-devant de toi, à quelqu'époque qu'eut lieu ton
« retour ; que dirais-tu, si, à ton arrivée, tu découvrais
« qu'ils ne se sont nullement occupés de leurs vêtements
« blancs, mais qu'ils ont employé leur temps à se disputer
« à ton sujet, disant : les uns, que tu es en France, les
« autres que tu es parti pour l'Espagne, ceux-ci que tu
« viendras à cheval, ceux-là que tu viendras en voiture ?
« La chose te plairait-elle ?.... Si des gros mots ils en
« étaient venus aux coups, s'ils persécutaient ceux qui au-
« raient exécuté tes ordres, ne leur infligerais-tu pas un

---

[1] Le fait que Castellion a nié d'être l'auteur du *De Hæreticis* n'affaiblit en rien notre conviction. Sans prétendre l'excuser, nous comprenons qu'il se soit rappelé que ce livre n'était pas intégralement de lui, et qu'à la faveur de cette considération il l'ait complétement désavoué. Ainsi que le remarque *Senebier*, au 16e siècle, oser prendre en main la défense des hérétiques, c'était encourir la peine capitale.

«châtiment terrible, surtout s'ils osaient dire qu'en agis-
«sant ainsi ils n'ont fait que ta volonté?....

«Or voici maintenant où j'en voulais venir: Christ est
«le prince du monde; en quittant la terre, il annonça aux
«hommes qu'il reviendrait à un jour et à une heure indé-
«terminés, et il leur ordonna de se vêtir, en attendant, de
«robes blanches, c'est-à-dire, de vivre pieusement, fra-
«ternellement; de fuir les divisions et de s'aimer les uns
«les autres. On sait comment ils s'acquittent de leur man-
«dat. En ce qui concerne le vêtement blanc, qui se met en
«souci de s'en revêtir? Quel est celui qui s'applique de
«tout son cœur à vivre dans la sainteté, dans la justice,
«dans la piété, en attendant l'avènement du règne de
«Dieu? C'est le moindre de nos soucis. La charité est gla-
«cée, la piété au tombeau et notre vie se passe au milieu
«des querelles.... Nous ne discutons pas cependant sur
«la voie qui peut conduire à Jésus, sur la nécessité de ré-
«former notre conduite; c'est de l'État et des fonctions
«présentes de Christ que chacun s'entretient. Où est-il
«maintenant? que fait-il? comment peut-il être assis à la
«droite du Père, et un avec ce dernier?.... Nous parlons
«de la Trinité, de la Prédestination, du libre arbitre, des
«Anges, de l'état de l'âme après cette vie, et d'autres
«choses semblables dont la connaissance n'est point indis-
«pensable au salut.... Quelqu'un pourtant ne partage-t-il
«pas la croyance de la majorité, vite, on l'accuse d'hérésie,
«on lui impute quelque crime horrible dont la pensée ne
«lui est pas même venue, et on le diffame si bien, que cha-
«cun s'imagine commettre un crime en l'écoutant....
«Prince, penses-tu que quand son jour viendra, Christ ap-
«prouve de pareils excès?.... Quoi! si un de ses servi-

«teurs confesse ainsi sa foi : je crois en Dieu et en J. C.,
«je veux vivre en me conformant à ses enseignements;
«faudra-t-il le mettre à mort parce qu'il pense que l'on
«doit communier sous les deux espèces, n'administrer le
«baptême qu'à quiconque peut rendre compte de sa foi, et
«qu'il entend autrement que nous certains points contro-
«versés?.... C'est là cependant ce qui se voit tous les
«jours. Au lieu de nous examiner nous-mêmes, au lieu
«d'arracher la poutre qui nous obscurcit la vue, emportés
«par notre rage, zélotes féroces, nous calomnions, pen-
«dons, brûlons à petit feu....[1] »

Ce qui a poussé l'auteur à prendre la parole, c'est le sans gêne avec lequel on condamne, car il peut en résulter deux dangers immenses. On peut d'abord tenir pour hérétique celui-là même qui possède le mieux la vérité. Le Christ en est un illustre exemple. Puis il est à craindre que l'hérétique ne soit plus sévèrement puni que ne le comporte la loi chrétienne, et en fait, rien n'est plus ordinaire. De toutes parts les bûchers s'allument et les glaives se couvrent de sang; il est temps que les princes ouvrent les yeux et fassent un peu plus de cas de la vie des hommes.

Qu'est-ce pourtant que l'hérétique? *Bellius* a cherché à le définir exactement et n'a rien trouvé de mieux que ceci : *Est hérétique, quiconque s'éloigne de notre manière de voir*. Il estime que cette définition est parfaite :
«Car, ajoute-t-il, entre toutes les sectes d'aujourd'hui, il
«n'en est pas une qui n'accuse les autres d'hérésie; en
«sorte que si dans telle ville ou dans tel pays vous êtes
«orthodoxe, vous serez hérétique aux yeux du pays voisin,

---

[1] *De hæreticis an sint persequendi*, p. 1-10.

«et si vous voulez vivre en paix, il sera nécessaire que
«vous ayez autant de religions et de formules de foi qu'il
«y a de nationalités ou de sectes.

«Chacun est dans la position du voyageur, qui doit faire
«changer ses valeurs à chaque instant, parce que la mon-
«naie qui est bonne ici, ne l'est pas ailleurs. Il y a pourtant
«une exception pour la monnaie d'or; celle-ci, quelle que
«soit sa forme a cours dans tous les pays. Eh bien, sa-
«chons en matière religieuse, nous faire une *monnaie*
«*d'or* qui soit partout de bon aloi. Croire en Dieu le Père,
«au Fils, au St-Esprit; garder les préceptes de piété ren-
«fermés dans la Sainte Écriture, voilà cette *monnaie d'or,*
«plus pure, plus précieuse, plus éprouvée que l'or
«lui-même.»

La comparaison de Matth. XVIII, et de Tite III, lui donne
grâce à une exégèse complaisante, une nouvelle définition
de l'hérétique : *C'est un homme entêté qui dûment averti
ne se soumet pas, et refuse obstinément d'amender sa
conduite* (avares, débauchés, etc.) *ou de changer d'o-
pinions*.

Il y a donc des *hérétiques de mœurs* et des *hérétiques
de doctrine,* mais tandis que l'on épargne les premiers,
on persécute les seconds à outrance, sans doute, parce
que leurs crimes sont, de tous, les plus difficiles à prouver.
Montrez, en effet, un voleur à un Juif ou à un Turc; tous
deux vous diront : Il doit être puni. Pourquoi sont-ils si
unanimes? parce que la chose est claire. Si maintenant
Juifs et Turcs sont en désaccord avec les chrétiens, si les
chrétiens à leur tour, se condamnent et se persécutent
avec fureur, c'est que les points en litige ne sont pas suffisamment élucidés. Si, par exemple, les questions du

Baptême, de la S¹ᵉ-Cène, de la Justification, du Libre arbitre, étaient aussi claires que l'existence de Dieu, Chrétiens, Juifs et Turcs seraient unanimes à cet égard, comme ils sont unanimes à croire en Dieu. Que faire alors? Il faut selon Castellion qui pose ici les bases de la plus large, comme de la plus vraie tolérance : «Que les Juifs ou les «Turcs ne persécutent plus les Chrétiens, et qu'à leur tour «les Chrétiens ne persécutent plus les Turcs ou les Juifs, «mais qu'ils les instruisent et les attirent par leur piété. «Cessons de nous anathématiser et n'empêchons pas, «par notre faute, l'Évangile de prévaloir auprès des peuples «qui l'ignorent. Ceux-ci, en effet, voyant que nous nous «comportons entre nous comme des bêtes féroces (*bellu-* «*arum more*), que les puissants oppriment les faibles, «détestent l'Évangile, comme si l'Évangile en était res- «ponsable; ils détestent Christ lui-même, comme s'il or- «donnait de pareilles barbaries, et nous nous ferions plu- «tôt Turcs ou Juifs que ceux-ci ne se feraient Chrétiens.»

Ici le souvenir des événements qui se sont passés récemment à Genève, se présente à l'esprit de Castellion et il termine par cette peroraison véhémente :

«Qui voudrait devenir Chrétien, en voyant ceux qui «confessent le nom de Christ, subir de la part des Chrétiens «eux-mêmes le supplice du glaive ou du feu, et être «poursuivis avec plus d'animosité que les voleurs et les «bandits?... Qui voudrait servir Christ à cette condition «que si, au milieu de tant de controverses, il vient à s'é- «carter des opinions de ceux qui gouvernent, il soit, au «nom du Sauveur, brûlé sans miséricorde comme autrefois «dans le taureau de *Phalaris*, et cela, quand bien même «du milieu des flammes, il chanterait les louanges de

«Jésus et crierait à pleine bouche qu'il croit en lui?...
«O Christ! est-ce bien par ta volonté que nos magistrats
«ordonnent de noyer les hommes, de mettre à nu leurs
«entrailles, de raviver leurs blessures par le sel; et em-
«ploient à les tourmenter les supplices à la fois les plus
«cruels et les plus longs?... Sont-ce bien tes ministres
«ceux qui t'offrent de pareils sacrifices? Lorsqu'ils in-
«voquent ton nom, viens-tu pour assister à ces holo-
«caustes et prends-tu part à ces festins de chair humaine?
«Si tu fais ces choses, si tu les ordonnes, que laisses-tu
«donc faire au démon!... Mais, c'est là blasphémer....
«Audacieux et pervers l'homme qui peut attribuer pareilles
«cruautés à Christ. C'est Satan seul, qui les inspire [1].»

Un écrit destiné à montrer qu'*il n'appartient pas aux magistrats de punir les hérétiques* [2], un appel à la tolérance, en faveur des Anabaptistes, par *Jean Witlingius* (Jean Brentz) suivent la préface de Castellion. Puis il cite à l'appui de sa thèse, mais sans aucun ordre chronologique, *Lactance, Augustin, Jérôme, Chrysostôme, Erasme, Cœlio-Curione* et bien d'autres. Il se cite lui-même sans doute pour ne pas éveiller les soupçons de ses ennemis, et se donne le malin plaisir de mettre Calvin en contradiction avec sa conduite en reproduisant certains passages de sa *prima Institutio* [3]. Les traités de George Kleinberg (Borrhée?), de Basile Montfort (Lælius Socin?), d'Éleuthère

[1] *De hæreticis an sint persequendi*, p. 25-30.
[2] Il est signé *Arétius Catharus*, mais son véritable auteur est *Martin Luther*, qui l'écrivit lorsque venant d'achever sa traduction de la Bible, George, duc de Saxe, en défendit la lecture dans ses États.
[3] Calvin y déclare que contrairement aux règles de la discipline ecclésiastique, les seules armes à employer contre les hérétiques sont : la *persuasion*, la *douceur*, les *prières à Dieu!*

(Curione?), dont il a été parlé plus haut, et une méditation de Castellion sur Galates IV, 28-30 terminent le volume.

Nous nous sommes arrêté longtemps sur ce livre, parce qu'il est très-peu connu, et qu'il n'est peut-être pas inutile, même aujourd'hui, d'entendre une voix du XVIᵉ siècle nous parler de support chrétien. C'était avant tout la charité qui l'avait inspiré, mais Calvin le considéra comme un pamphlet écrit dans l'unique but de lui nuire et ne pardonna jamais à Castellion d'avoir fait, selon son expression, *le philosophe en sa tanière.*

Th. de Bèze, qui depuis longtemps partageait les affections et les rancunes du Réformateur, eut la faiblesse de répondre, et nous dit-il lui-même : « Calvin étant empêché, je fis voir par des raisons *très-fortes et très-solides, que « celibelle est rempli d'une infinité d'erreurs et de blasphèmes* [1]. »

Dans un livre de 500 pages [2] dirigé contre Castellion et ses amis, de Bèze examina en effet les questions suivantes : si les hérétiques devaient être punis, s'il appartenait aux magistrats de les condamner, si enfin la peine de mort pouvait leur être légitimement appliquée, et sur tous ces points, il répondit affirmativement.

Sans doute, il lui est aisé de montrer que l'on n'est pas nécessairement hérétique parce que l'on est opiniâtre; qu'appeler de ce nom les voleurs ou les débauchés, c'est donner à ce mot une portée qu'il n'a jamais eu; il lui est facile d'opposer à eux-mêmes, Augustin, Erasme, Luthe

---

[1] De Bèze, *Vie de Calvin*, p. 88.
[2] *De hæreticis a civili magist. puniendis*, Genève 1544.

et Calvin, mais quand il veut soutenir directement ses thèses, son discours devient embarrassé, déclamatoire, et ses arguments sont de purs sophismes [1]. A bout de preuves, emporté par la passion, il accuse ses adversaires d'être des émissaires de Satan qu'une impuissante ambition dévore, et d'avoir voulu par leur compilation *(farrago)*, chasser de leurs Églises Calvin et Bullinger en les faisant passer pour des hommes sanguinaires. «Jusqu'à présent, s'écrie-«t-il, il ne s'était pas trouvé un monstre à face humaine «qui pensât que Servet ne devait pas être réprimé, mais «vous! quoi d'étonnant que vous ayez qualifié un châti-«ment si juste et si mérité, de cruel et de barbare! vous, «dis-je, qui mettez au nombre des choses indifférentes le «mystère de la Trinité, fondement de la foi?» Et après avoir insulté à Servet, auquel il reproche d'avoir essayé d'éviter le bûcher à l'aide d'un jeu de mots, après avoir déclaré que «cet hérétique» n'a pas été puni parce qu'il *disait* ce qu'il *pensait,* mais parce qu'il *pensait et écrivait sur la Trinité des choses impies et dangereuses pour l'É-glise,* de Bèze conclut en ces termes: «Vous avez beau «cacher vos noms véritables, contrefaire votre style, taire «le nom de la ville où vous avez édité cette *compilation,* «et beaucoup d'autres livres qui ne valent pas mieux, votre «impudence, vos nouveautés, votre dissimulation même «vous trahissent. Plaise au Seigneur de confondre vos pro-«jets! et il le fera; je vous le prédis, à toi *Bellius,* à toi *Mont-*«*fort* et à tout votre parti.»

[1] A la douceur de Jésus que Castellion avait rappelée, il oppose le fait des vendeurs chassés du temple, et selon lui, Élie mettant à mort les prêtres de Baal, Paul châtiant Elymas, Pierre foudroyant Ananias et Saphira, sont autant d'exemples qui autorisent à appliquer aux hérétiques la peine capitale.

Les arguments de Calvin sont-ils plus sérieux? Qu'on en juge. Il répond ainsi à l'objection qu'on pourrait se contenter *d'éviter l'hérétique*, et d'imiter la conduite de St-Paul à l'égard d'Hyménée et d'Alexandre : «Je vous prie, dit-il, «si l'apôtre eut eu alors en main quelques magistrats fidèles «et bons zélateurs de la cause de Dieu, y a-t-il doute qu'il «ne leur eut baillé telles gens à châtier[1].» Il rappelle que *Nebucadnetzar* condamnait à mort quiconque avait blasphémé contre le Dieu d'Israël, et il exhorte vivement les princes à suivre cet illustre exemple.

Pourtant Calvin et de Bèze se rappellent dans le courant de la discussion que la persécution sévit en France; ils ne voudraient pas la justifier et font leurs réserves. Ils veulent que le magistrat ait égard aux circonstances, au temps, aux lieux, aux personnes, qu'il juge la Bible à la main. — Restrictions vaines: Leur apologie du supplice de Servet est la justification des bûchers de Rome, et par eux le protestantisme aurait perdu le droit de reprocher eu catholicisme son intolérance, si aux noms de Calvin et de Théodore de Bèze il n'avait à opposer celui de Castellion.

---

[1] Calvin, *Opuscules,* p. 1359.

V.

Opinions de Castellion sur le libre arbitre, la grâce et la prédestination. Ses nouveaux démêlés avec Calvin et de Bèze (1551-1563).

La controverse que nous venons de raconter ne provoqua pas, mais envenima au plus haut degré les débats de Castellion et de Calvin au sujet du libre arbitre, de la grâce et de la prédestination. Les opinions du dernier, sont trop connues pour qu'il soit nécessaire d'y revenir ici ; or, c'était à un point de vue diamétralement opposé que Castellion avait traité dès 1551, dans ses notes sur l'épitre aux Romains, ces difficiles questions, et tandis que Calvin avait adopté en le développant le système d'Augustin, lui, au contraire, avait été conduit à partager les idées semi-pélagiennes. — A ses yeux, la *liberté* de l'homme est un fait, et si elle a été *restreinte* par la chute, elle n'a jamais été *anéantie*. On dit : Si Dieu prévoit tout, tout doit nécessairement arriver selon qu'il a prévu ? — Mais autre chose est *contraindre, obliger à,* et autre chose *savoir d'avance :* «Dieu savait que je sortirais aujourd'hui «de ma maison; pourtant, il ne m'a pas contraint de sortir, «j'ai été libre de rester et ce n'est pas parce qu'il *l'avait* «*prévu,* que *je suis sorti,* mais parce que *je devais sortir* «qu'il *l'a prévu.*»

Ceux qui pensent que tout arrive nécessairement selon un plan fixé d'avance se trompent fort. Christ pouvait obtenir de son Père douze légions d'anges ; il ne les demanda pas, et le Père le savait, mais il aurait pu les demander. De même quand on lit (Math. XXIII): *Jérusalem,*

Jérusalem, combien de fois n'ai-je pas désiré rassembler tes enfants, et tu ne l'as pas voulu ! Jérusalem était donc libre de vouloir ce que Jésus ne voulait pas ; et qu'on ne dise pas que Dieu a pu *vouloir* que Jérusalem ne *voulut pas,* ce serait le mettre en opposition avec Jésus-Christ, à moins cependant de lui supposer deux volontés, ce qui, par contre, serait blasphématoire:

L'homme donc se détermine lui-même, il est libre. Mais ce n'est là qu'une liberté *relative ;* pour qu'elle soit *complète,* il faut que l'homme s'affranchisse du joug du péché.

Le peut-il, de lui-même ? peut-il par ses propres forces parvenir au salut? Non, répond Castellion, qui se distingue ici nettement de *Pélage,* la grâce de Dieu est nécessaire.

«Nous sommes tous, dit-il, comme autant de pauvres «malades auxquels notre Père Céleste offre le moyen de «recouvrer la santé. Quand donc nous ne la recouvrons «pas, c'est que, par notre faute, nous n'avons pas pris le «*remède* qui nous était proposé, et quand nous le prenons, «nous ne sommes pas autorisés à dire, que c'est nous-«mêmes qui nous sommes guéris, car si nous avons ac-«cepté le salut, nous ne l'avons pas conquis.»

Mais cette grâce *prévenante* et *sanctifiante,* n'est pas *particulière,* elle est *générale.*

Dieu, en effet, n'a pas *prédestiné* les hommes à la *ruine,* se réservant d'en sauver quelques-uns pour faire acte de bonté, il les a tous *destinés* au *salut.* A cet égard les déclarations de la Bible sont formelles [1], et son témoignage est confirmé par celui de notre raison et de notre cœur.

[1] I Tim. IV, 10. — Actes XVII, 30.

Certains objecteront «que Dieu a *aimé Jacob* et *haï Esaü*[1];» mais ces paroles doivent être entendues des peuples qui sont descendus des deux patriarches, et reviennent à ceci : «J'ai *aimé les bons* et j'ai *haï les méchants*.» Quant à ce qui est écrit : «*j'endurcirai le cœur de Pharaon*[2],» cela veut simplement dire que Dieu laissera Pharaon à son endurcissement naturel, car comme dit Jérémie[3] : «le cœur est trompeur et méchant.»

On mettra encore en avant, les *vases de colère* dont parle St-Paul[4]; oui sans doute, nous sommes dans la main de Dieu comme autant de vases d'argile, mais poursuivons la comparaison de l'apôtre : Un potier fit-il jamais un vase pour le plaisir de le briser ? Il ne rejette que ceux, qui contre sa volonté ne peuvent plus remplir le but auquel il les destinait ; et quand St-Paul dit que des vases de colère ont été créés pour la ruine, cela ne doit pas s'entendre, comme si Dieu avait résolu dès longtemps de créer un certain nombre d'hommes pour les perdre, car le fait qu'il supporte avec une grande patience ces *vases de colère* prouve avec évidence qu'il les forma dans un tout autre but.

Cependant Castellion en convient : de même que le potier moule des vases pour des usages honnêtes, et des vases pour des usages vils, Dieu a pu créer les hommes pour qu'ils fussent, dans le corps de Christ, les uns comme les yeux, les oreilles, les mains qui sont les parties nobles du corps, et les autres comme les pieds. Mais, ajoute-t-il, «ce sont deux choses bien différentes que de créer des

---

[1] Rom. IX, 13.
[2] Exode VII, 3.
[3] Jérémie XVII, 9.
[4] Rom. IX, 20-25.

«vases pour des usages vils, ou pour les briser sans mer-
«ci.... J'entends dire autour de moi : *Si je suis prédestiné
«à la vie, je ne puis périr; si je suis prédestiné à la mort,
«rien ne peut me sauver; je ne m'inquiéterai pas plus de
«mon salut que du cours du soleil.* Eh bien! que nul ne
«se désespère, que nul ne se croie rejeté.... car le mé-
«chant peut parvenir à acquérir la volonté qui fait le bien,
«en écoutant la voix de Jésus, et les bons la perdre, s'ils
«ferment l'oreille aux enseignements du Sauveur [1].»

Castellion avait à peine fait connaître ses idées sur la prédestination, que Bolsec était jeté en prison pour avoir émis des opinions analogues, et chassé de Genève le 18 décembre 1551.

Ce déploiement de sévérité excita de divers côtés de violents murmures. «Il semblait, dit de Bèze, que le démon «eût sonné le tocsin pour pousser tous les hommes à la «discorde [2].» Plusieurs théologiens, et Mélanchton lui-même, accusaient maintenant les «Genevois» d'introduire dans l'Église la croyance au *Destin* des Stoïciens. Calvin jugea nécessaire de s'expliquer, et écrivit (1552) un nouveau traité sur la *prédestination éternelle de Dieu*, où Castellion, sur l'autorité duquel Bolsec s'était appuyé, était attaqué avec la dernière violence. Le Réformateur allait jusqu'à qualifier son ancien ami, de *monstre exécrable*.

Un an se passa. Tout-à-coup, en 1554, au moment même où le *De hæreticis*, soulevait tant de colères, un *libelle*, sans nom d'auteur, dirigé contre la prédestination calviniste, fut présenté au Conseil de Genève. Les soupçons

---

[1] Seb. Castellio, *Biblia latina, adnotat. in Rom. IX.*
[2] De Bèze, *Vie de Calvin*, p. 74.

du Réformateur, se portèrent aussitôt sur Castellion [1], et toujours infatigable, il écrivit sa *Réponse aux calomnies d'un certain Brouillon*. «Ne vaudrait-il pas mieux, y «était-il dit, que cet advocat de la cause de Dieu fut «plongé au plus profond des enfers, que de cracher ainsi «contre sa majesté par ses cavillations puantes.»

Mais ainsi qu'il arrive toujours, cette réplique, par sa vivacité même, contribua à augmenter le nombre des partisans de Castellion, et Calvin demanda à l'Académie de Bâle, d'imposer silence à son adversaire. «Crois-moi, «écrivit-il à Sulcer, c'est une bête aussi venimeuse qu'in-«domptée et opiniâtre; sous un faux masque de charité et «de modestie, il cache une arrogance que rien n'égale [2].» Le Recteur, dans sa réponse, promit que le professeur de grec serait sévèrement repris; mais comme ce dernier n'eut pas de peine à se justifier, on se contenta de lui défendre de réimprimer, dans sa traduction de la Bible française, ses notes sur le chapitre IX de l'épitre aux Romains.

Cependant Castellion acquérait chaque jour plus d'autorité. Il comptait à Bâle, surtout à Berne, de chauds partisans. Aux environs de Genève, *«une faction de certains ministres* [3]*»* avaient adopté ses idées, que les *Libertins* appuyaient dans l'intérêt de leur politique; elles étaient fort en faveur auprès de plusieurs réfugiés italiens ou français [4], et il n'y avait pas jusqu'à la France, qui ne comptât, çà et là, parmi ses courageux ministres, quelques

---

[1] Dans sa *Responsio ad authorem libri* etc., p. 368, Castellion déclara qu'il n'en était pas l'auteur.

[2] *Lettres de Calvin*, édition d'Amsterdam, tome IX.

[3] De Bèze, *Vie de Calvin*, p. 95.

[4] Jules Bonnet, *Lettres françaises de Calvin*, tome I, p. 365.

Castellionistes. Un des pasteurs de l'église de Poitiers, nommé de la Vau, s'appuyait sur l'autorité du professeur de Bâle pour attaquer la doctrine de Calvin, et cela avec assez de succès, pour que celui-ci crut utile d'adresser, le 25 février 1555, une lettre aux fidèles de Poitiers, «afin, «disait-il, de prévenir deux maux : L'un d'être aliénez de «la doctrine que vous avez reçue de nous en partie, l'au-«tre, d'être séparez les uns des autres et comme un corps «déchiré par pièces [1].»

En présence de ces faits, le Réformateur résolut de frapper un grand coup et de confondre son adversaire dans une dispute publique. Il demanda la permission de se transporter à Berne, avec des envoyés de la république de Genève, et fit parvenir son défi à Castellion, qui l'accepta. La controverse eut lieu à la fin de 1555. S'il faut en croire de Bèze, Calvin défendit la cause de la prédestination avec tant de succès, que Castellion et Bolsec furent tous deux *bannis avec infamie* du territoire de Berne; mais la suite de son récit est bien propre à nous inspirer des doutes sur la réalité de ce fait.

«Il arriva, dit-il, (Dieu l'ayant ainsi permis pour le bien «de l'Église), que l'on ne décida pas la question. Car si «elle eut été décidée de la manière que Calvin le souhai-«tait, on eut pu croire que la considération de sa personne «lui avait donné gain de cause; au lieu que dans la suite, «il l'obtint sans qu'il s'en mêlât. Car après sa mort toutes

---

[1] Jules Bonnet, *Lettres françaises de Calvin*, tome II, p. 25-26. — De Bèze, *Histoire ecclésiastique* etc., p. 64. — Ce fut pour couper court à ces divergences de doctrine, que les pasteurs de Poitiers provoquèrent dès 1558 la confession de foi connue sous le nom de *confession de* 1559 (De Bèze, *op. cit.*, p. 109).

«les calomnies s'en allèrent en fumée, et André Zébédée
«qui l'avait poursuivi et accusé avec véhémence, recon-
«nut au lit de mort la vérité qu'il avait combattue [1].»

Comment Castellion a-t-il pu être chassé du territoire de Berne, si l'on ne s'est pas prononcé dans la conférence sur la question de la prédestination ? Et s'il a été chassé, comment expliquer qu'il ait reçu, moins de six ans après, un éclatant témoignage de l'estime des Bernois [2] ? Encore ici, il faut convenir que Théodore de Bèze a sacrifié la vérité à ses préventions.

Au fond, non seulement la question ne fut pas décidée, mais la victoire ne pencha même pas du côté des prédestinations, et ceci nous explique pourquoi Calvin se plaignit toujours du peu de zèle des Bernois.

La lutte continua donc plus ardente que jamais. En 1556, un manuscrit qu'un Écossais allait faire imprimer à Paris, fut saisi à Genève. C'était un recueil d'*Articles extraits des livres tant latins que français de Jean Calvin, touchant la prédestination*. L'auteur, qui se donnait pour un zélé disciple du Réformateur, ébranlé par les arguments qu'on opposait à «ces articles», venait lui soumettre les objections de leurs communs adversaires, et le prier d'y répondre afin que sa foi en fût affermie.

De qui était cet écrit ? Calvin et de Bèze n'hésitèrent pas à l'attribuer à Castellion, et bien que ce dernier l'ait désavoué, il faut convenir que leur opinion était fondée. L'Écossais qui en était porteur était l'ami de Castellion, et certains passages ont une si parfaite ressemblance avec

[1] De Bèze, *Vie de Calvin*, p. 96.
[2] Ainsi que nous l'avons déjà dit, ils lui offrirent une chaire de professeur à l'Académie de Lausanne.

les écrits authentiques de notre auteur, qu'on est obligé d'admettre : ou qu'ils sont sortis de sa plume, ou qu'ils sont l'œuvre d'un plagiaire.

Quoi qu'il en soit, cet opuscule procédait méthodiquement et combattait par des arguments populaires la prédestination calviniste.

Nous en citerons quelques fragments que nous ferons suivre de la réponse de Calvin.

«Tes adversaires, ô Calvin, te reprochent de soutenir
«que Dieu a créé à perdition la plus grande part du monde,
«selon le nud et pur arbitre de sa volonté. Ils disent que
«c'est contraire à la nature et à l'Escriture. *A la nature:*
«car si Dieu a voulu que les animaux aimassent leur en-
«geance, il aime donc aussi la sienne; soutenir le con-
«traire, serait dire que Dieu crée de haine et non d'amour,
«et si Calvin, combien qu'il soit mauvais, ne voudrait
«point avoir un enfant à la condition qu'il fût misérable,
«combien moins le voudra Dieu. *A l'Escriture :* car Dieu
«a vu que toutes choses qu'il avait faites étaient fort
«bonnes; l'homme donc qu'il avait fait était fort bon. Mais
«s'il l'a créé pour la perdition, il a créé le bien à perdition,
«ce qui est impie à penser....»

Calvin répondit :

«Comme un pourceau tu renverses de ton groin une
«doctrine de bonne odeur, afin de trouver quelque infec-
«tion et puantise.... C'est bien trop lourdement fait à toi
«de demander de Dieu qui est autheur de Nature tout ce
«que tu apperçois en un bœuf ou en un asne, comme s'il
«estait astreint aux mêmes lois qu'il a imposées à ses
«créatures. D'ailleurs tandis que les bêtes brutes débat-
«tent pour leurs petits jusqu'à la mort, d'où vient que

«Dieu souffre que les petits enfants soient quelquefois dé-
«chirés et dévorés par les tigres, ours ou lions? Est-ce
«que sa main soit si cóurte, qu'elle ne puisse s'étendre
«jusqu'à eux pour les préserver? Diras-tu des fous, des
«aveugles, des bossus, des idiots, ce que les Juifs disaient
«des Faunes et des Satyres, à sçavoir que Dieu surpris et
«prévenu par le sabbat, n'eut pas le temps de les achever?
«Quant à la déclaration de l'Escriture que tu cites, ce
«n'est pas l'homme particulièrement que Dieu trouve bon,
«c'est son projet....[1]»

Enfin l'auteur anonyme, après avoir combattu une à
une les thèses de Calvin, jetait le masque, et dévoilait en
terminant le vrai motif qui l'avait poussé à prendre la
plume :

«Si d'aventure, ô Calvin! tu t'es abusé, (tu sais que
«nous sommes hommes), je te prie, donne gloire à Dieu.
«Cela te sera plus grand honneur que de persévérer dans
«ton erreur. Au reste si tu es juste et véritable, je ne doy
«craindre que tu me veuilles mal à cause de cette mienne
«epistre. Premièrement pour ce qu'il t'est expédient
«d'estre adverti de ces choses. Puis, si tu estimes comme
«tu dis, que tout se fait par nécessité, tu croiras aussi
«que cette épistre a été écrite par moi *nécessairement.*»

Ici Calvin perd toute retenue :

«Ceci me console aucunement, gentil advertisseur mas-
«qué, de ce que tu n'as pu estre ingrat envers celuy qui
«t'avait fait plus de bien et plaisir que tu ne méritais,
«sans découvrir quant et quant ton impiété contre Dieu,

[1] Calvin, *Response aux calomnies et arguments d'un qui s'efforce par tous moyens de renverser la doctrine de la Providence secrète de Dieu* (opuscules).

«tant lâche et vilaine.... Tu es un calomniateur hypocrite
«et incorrigible. Je te connais, t'ayant nourri en ma mai-
«son; jamais je ne vis homme plus présomptueux, ne plus
«traître ou déloyal, ne plus éloigné de toute humanité, et
«tous ceux qui ne te recognoissent estre un affronteur, un
«vilain de tout eshonté, un plaisanteur faisant estat d'a-
«boyer contre la vraie piété, ceux-là certes n'ont pas de
«jugement.... Que Dieu te réprime, Satan [1] !»

Calvin écrivait ceci au mois de janvier 1557. Dans le courant de la même année, de Bèze prit à son tour la défense de la prédestination et répondit à Castellion avec non moins de violence. «Dans tout ton écrit, lui disait-il,
«percent tes plates plaisanteries, ta folle ambition, tes
«pauvres arguments, ta complète ignorance, l'apparence
«de piété que tu te donnes, ta suffisance; toutes choses
«qui sont communes à toi et à bien d'autres, mais que
«pourtant tu possèdes à un plus haut degré, que tu t'ap-
«pelles *Bellius* ou *Théophile*. Tu as beau faire! quelque
«costume que tu revêtes, tu ne parviendras pas à cacher
«tes oreilles qui se dresseront toujours pareilles à celles
«d'un âne de Cumes [1] !»

Mais Calvin et T. de Bèze ne se contentèrent pas de se déchaîner ainsi contre Castellion. Ils s'efforcèrent de le contraindre au silence et y réussirent en partie. Se rendant cette fois à leurs instances, l'Académie de Bâle lui défendit «de se mêler désormais, de bouche ou par écrit,» d'autre chose que de son professorat de grec. Pourtant la voix de sa conscience parla plus haut, et s'il ne publia rien désormais contre les idées de Calvin, il ne cessa né-

[1] Calvin, *Response aux calomnies* etc. (opuscules).
[1] Beza, *Ad Sycophantarum quorundam calumnias*, Genève 1558.

anmoins de protester, dans ses conversations particulières et dans ses leçons publiques, contre une doctrine dont il redoutait les conséquences.

La querelle continua sans éclat jusqu'à sa mort, mais il devait demeurer longtemps comme le guide de tous ceux qui, au XVI° et au XVII° siècles, essaieraient de défendre la liberté de l'homme et sa valeur morale.

VI.

Autres opinions hétérodoxes de Castellion. — Ses deux traductions de la Bible (1551, 1555), *et controverses qui s'y rapportent* (1557-1563).

On ne saurait conclure, du fait que Castellion prit la défense de Servet, qu'il fût, lui aussi, un adversaire de la Trinité. *Nier* ou *affirmer* ce dogme était chose *indifférente* à ses yeux, ainsi que de Bèze le lui reproche.

De même on aurait tort de voir en lui, sur la foi de ses adversaires, un Anabaptiste déguisé. Il protesta jusqu'à sa mort contre cette accusation. Il lui paraissait également légitime qu'on administrât le baptême immédiatement après la naissance, ou huit jours après, ou lorsque l'enfant aurait atteint l'âge de raison. Pourtant c'est à ce dernier mode qu'il eût donné la préférence ; «attendu, dit-il, que «le baptême n'a une valeur réelle, que pour autant que «nous lavons aussi notre cœur.»

Mais sur plusieurs points, Castellion s'éloigna encore de la dogmatique *Calviniste*. Nous l'avons vu professer des opinions toutes différentes de celles de Calvin, en ce qui concerne la descente de Jésus aux enfers ; nous le voyons maintenant en désaccord avec le Réformateur, au sujet de l'état des âmes après la mort. En 1534 Calvin dans sa *Psychopannychie* avait soutenu que les âmes vivent et veillent auprès de Christ, lorsqu'elles ont quitté le corps.

Castellion s'appuyant sur I Corinth. XV, 51, II Corinth. V, 3, et sur l'autorité d'Origène, défendit, quoique avec timidité, l'hypothèse d'une léthargie psychique ou d'un sommeil de l'âme jusqu'à la résurrection. Bèze ne releva cette opinion que pour déclarer qu'elle était impudente et absurde ; il insista davantage sur l'interprétation que Castellion donnait à ces paroles de St-Paul : σοφιαν δε λαλουμεν εν τοις τελειοις (I Corinth. II, 6).

Selon Castellion σοφια désigne ici une doctrine plus profonde, et il faut entendre, par le mot τελειοι, une catégorie de chrétiens plus avancés dans la connaissance des mystères divins. — Il cherchait à justifier son interprétation par des considérations tirées du contexte : «Paul, disait-«il, ne peut, sans se contredire, appeler τελειοι ces mêmes «chrétiens qu'il qualifie au chapitre suivant, de σαρκικοι et «de νηπιοι ; et si on donnait le nom de *parfaits* aux Corin-«thiens et aux chrétiens en général, le titre de *chrétiens* «*imparfaits* pourrait convenir à tous ceux qui n'ont jamais «connu Jésus.» Mais cette doctrine plus élevée, ne se trouve-t-elle pas quelque part dans les écrits de Paul ? — «Non, répondait Castellion, car les lettres de l'apôtre «devant être lues par des chrétiens *non parfaits*, ceux-ci «n'auraient pas pu comprendre cette partie de son en-«seignement[1].» Ici de Bèze n'eut pas de peine à démontrer

[1] Seb. Castellio, *Biblia latina*, *Adnot. in 1 Cor. II*, 6.

que par τελειοι et σοφια il fallait entendre les chrétiens et l'Évangile, et obtint sur son adversaire une victoire facile, en faisant observer que l'explication de ce dernier n'allait à rien moins, qu'à anéantir l'autorité de l'Écriture pour la transporter à une tradition orale, dépositaire de cette doctrine plus parfaite [1].

Une question qui ne fut que très-peu controversée malgré son intérêt, fut celle de l'universalité de la Révélation ou de la Prophétie. Castellion soutenait que les prophéties se rapportant à Christ ne sont point particulières aux livres de la Bible. Les oracles Perses, Babyloniens, Égyptiens font allusion à son avénement; c'est lui que Virgile a en vue dans sa quatrième Églogue, lorsqu'il dit qu'un enfant naîtra qui régénérera le monde, et les oracles Sybillins ont été, selon Castellion, écrits sous la dictée de Dieu, pour annoncer aux payens l'apparition du Sauveur du monde.

Sans doute, dans tout ceci notre auteur s'est laissé aller à son penchant pour l'allégorie [2] et le littéralisme tout à la fois, mais on doit lui savoir gré d'avoir un des premiers essayé de s'affranchir des idées par trop particularistes qui veulent que Dieu se soit toujours servi d'intermédiaires juifs pour se révéler au monde.

Ses opinions sur l'inspiration et l'autorité de la Bible sont très-remarquables pour le temps. «Il est impossible, «disait-il, que Dieu se préoccupe plutôt des mots que des «livres; or nous avons perdu le livre du *Juste*, celui des

[1] Beza, *Responsio ad defensiones et reprehensiones Seb. Castellionis*, Genevæ 1554.
[2] Dans Ps. LXVIII, 12, qu'il traduit ainsi : *Suppeditabit Dominus argumentum nuncüs magni exercitus mulieribus;* Castellion voit : *Jésus se montrant aux femmes après la résurrection !*

« *Guerres de Jéhovah*, celui de *Nathan le prophète* et bien
« d'autres. On peut donc supposer que des erreurs se sont
« introduites dans le texte, et des livres sans portée reli-
« gieuse dans le Canon. Notre devoir est de les rechercher,
« et de les faire disparaître à la lumière de la raison [1]. »

Il allait encore plus loin : d'après lui, quatre facteurs ont concouru à la composition de la Bible : la *Révélation*, la *Prophétie*, la *Connaissance* et la *Doctrine*.

Par révélation il faut entendre l'*oracle divin* sorti directement de la bouche de Dieu; une fois qu'elle l'a reconnu, l'intelligence humaine doit s'incliner et adorer. La prophétie, c'est encore l'oracle de Dieu, mais mélangé de conceptions particulières aux apôtres et aux prophètes; il faut savoir les distinguer. Quant à la *connaissance* et à la *doctrine*, ces deux éléments étant purement humains, chacun doit croire ce que sa raison lui aura démontré comme vrai. Au reste, il faut en toute occasion aller à l'esprit, et ne pas imiter les scrupules superstitieux de certains hommes, d'ailleurs pieux, qui se cramponnent à un mot sans valeur, et par cette façon d'agir inconsidérée, engendrent les schismes et fomentent la haine au sein de l'Église [2].

C'est avec de tels principes, que Castellion entreprit ses deux versions de la Bible. Ils devaient nécessairement influer sur son œuvre.

Ainsi que nous l'avons vu, sa traduction latine qu'il dédia au roi d'Angleterre Édouard VI parut à Bâle en

---

[1] Seb. Castellionis, *Defensio suarum translationum*, p. 228.

[2] Seb. Castellio, *De arte dubitandi et confitendi, ignorandi et sciendi*, (ouvrage manuscrit). — Jakob Mæhly, *op. cit.*, p. 87. — *Journal helvétique*, loc. cit.

1551[1]. L'auteur prévient dans sa préface le lecteur, des nombreuses difficultés que rencontre un traducteur. Il y a des mots qui n'ont d'équivalents, ni en latin, ni en français; une foule d'expressions sont obscures, et plusieurs passages pour être bien compris exigent indépendamment de la science et du bon sens, la parfaite possession de l'esprit de Dieu. Castellion ne le possède pas à un plus haut degré que les autres, aussi implore-t-il la bienveillance du lecteur et le prie de lui signaler les défauts de sa traduction, *afin que personne ne soit induit en erreur*. Les livres de l'Ancien Testament y sont rangés selon l'ordre des LXX, et des résumés à la marge, facilitent la mémorisation des faits racontés. Un supplément historique tiré de Josèphe précède les livres du Nouveau Testament, et un recueil de *notes* termine le volume. Ces notes qui révèlent de vastes connaissances et une parfaite rectitude du jugement, n'abordent que très-rarement les sujets dogmatiques. Elles se bornent le plus souvent à élucider le sens d'un mot, à justifier la traduction d'un passage controversé, etc.; elles sont accompagnées de quelques gravures représentant l'arche de Noé, les ustensiles du culte mosaïque, le Temple, la vision d'Ézéchiel, etc.

En publiant cette traduction, Castellion avait voulu *vulgariser* la Bible, en rendre la lecture attrayante par un style facile, clair et correct. Mais le latin n'étant compris que des savants, son but n'était atteint qu'en partie. Il

---

[1] L'édition de 1554 a pour titre : *Biblia, interprete Sebastiano Castalione, una cum ejusdem annotationibus. Totum opus recognovit ipse, et adjecit ex Flavio Josepho historiæ supplementum ab Esdræ temporibus usque ad Macchabeos, itemque a Macchabeis usque ad Christum.*

résolut de donner au peuple de langue française une traduction qui réunirait, elle aussi, ces deux qualités essentielles : la clarté et la fidélité. Sans doute, on avait bien déjà les versions de Lefèvre d'Étaples et d'Olivétan, mais elles étaient très-imparfaites, et Calvin avouait encore en 1559 qu'il était échappé bien des fautes à « Maistre Pierre Robert. » Castellion espéra pouvoir combler ces lacunes, et encouragé par le succès de sa Bible latine, il n'hésita plus à publier sa traduction française qui parut à Bâle en 1555. Elle est dédiée à « très-preux et très-victorieux prince Henri de Valois » et, quant au contenu, ne diffère de la Bible latine que par la dédicace, la préface, et les notes sur le chapitre IX de l'Épitre aux Romains qui ont été supprimées.

Accueillies avec faveur dans plusieurs pays, ces traductions furent attaquées avec la dernière violence par les théologiens de Genève. Calvin, peu conséquent avec lui-même, s'appliqua, dans ses conversations et dans ses lettres à déprécier l'œuvre de celui qu'il considérait toujours plus comme un adversaire; et de Bèze qui pourtant avait écrit précédemment à Castellion des lettres très-flatteuses au sujet de son *Moses Latinus,* [1] le dénigra à son tour [2]. Jusqu'en 1556, ces critiques se produisirent de vive voix, mais à cette époque, de Bèze ayant lui-même publié une traduction du Nouveau Testament censura en termes fort peu modérés le travail de son rival [3].

[1] Seb. Castellio, *Defensio suarum translationum,* p. 227.

[2] Il est inutile, pour comprendre la longue inimitié de Th. de Bèze, de recourir à des susceptibilités d'auteur ; l'attitude de Castellion vis-à-vis de la théologie calviniste suffit à expliquer le fait.

[3] Th. Beza, *Novum Testamentum,* Genevæ 1556. — Castellion est un impie, sa traduction une monstruosité, etc.

Celui-ci sachant enfin quels étaient dans sa traduction les passages incriminés allait répondre ; déjà sa défense était prête, mais soit qu'il redoutât de réveiller de précédents débats, soit que l'Académie l'en empêchât, il ne la publia pas, et se contenta d'adresser le 16 juin 1558 une lettre à de Bèze pour le prier de ne plus l'injurier en critiquant ses livres. — «Va, je ne te hais point, lui disait-«il en terminant, bien que sur divers sujets je diffère de «toi, et je désire me conduire à ton égard comme à l'égard «de tous, en vrai chrétien. Discute avec moi charitable-«ment, et tu n'auras jamais eu d'ami plus fidèle [1].»

Mais de Bèze n'accepta pas cette amitié, que son adversaire, oubliant toutes ses injures, lui offrait, et de leur côté tous ceux qui, à Genève, s'occupaient de l'interprétation de la Bible, ne laissèrent échapper aucune occasion de représenter Castellion sous les traits les plus odieux. Robert Estienne osa écrire en tête de ses éditions de la Bible, qu'il fallait se garder de Castellion «comme d'un instrument choisi de Satan pour amuser «tous esprits volages et indiscrets.... Certainement, «ajoutait-il, s'il y eut onc une espreuve d'ignorance con-«joincte avec une témérité effrontée, jusques à se jouer de «l'Écriture Saincte et l'exposer en risée, tout cela se trou-«vera en translations et escrits de celui dont nous portons «tel témoignage, à notre grand regret [2].»

En présence d'une accusation aussi peu déguisée, le silence n'était plus possible. Castellion, avec la permission de l'Académie, compléta la défense de ses traductions qui

---

[1] Seb. Castellio, *Defensio suarum translationum,* p. 210.

[2] *La Bible qui est toute la saincte Escriture,* préface, Genève 1559, 1561.

parut en mars 1562 sous le titre de : *Seb. Castellionis Defensio suarum translationum Bibliorum et maxime Novi Fœderis.* Il ne s'y défend pas de l'accusation d'ignorance ; «ce n'est pas à moi de juger, dit-il, c'est aux savants qui me lisent ; » mais il proteste avec vivacité contre le reproche d'impiété. La préface de sa traduction prouve qu'on le calomnie, et, à cet égard, sa conscience est tranquille. Chacun est libre après tout, de faire de sa Version des saintes Écritures l'usage qu'il voudra. Il est pénible de voir des hommes auxquels cela convient moins qu'à d'autres, calomnier leur prochain, mais il l'est surtout de voir des livres écrits dans un but d'édification, devenir des instruments de dispute. Le reproche d'opiniâtreté et d'entêtement, ne lui est pas applicable : «Je n'ai cessé, dit-il, «de réclamer des conseils ; j'ai fait appel aux lumières des «savants, et lorsqu'on m'a fait des observations justes, je «me suis hâté de m'y conformer ; . . . . ce n'est que lors- «que les avis ont été partagés, que je m'en suis tenu, et «c'était naturel, à l'interprétation primitive.» Il convient que certaines critiques de Th. de Bèze sont justes, combat les autres, et prenant à son tour l'offensive, signale dans la traduction et les notes de son adversaire, une multitude d'erreurs.

Si celui-ci eut répondu à Castellion en imitant sa modération, nul doute que cette controverse n'eût eu les meilleurs résultats. Mais de Bèze ne sut ni oublier ses anciennes préventions, ni accepter avec grâce les critiques faites à sa traduction. Nous en trouvons la preuve dans sa *Responsio ad defensiones et reprehensiones Seb. Castellionis* qu'il publia au commencement de 1563. Ici encore les traductions latine et française de Castellion sont représentées comme impies et sans valeur, et nulle part dans cet écrit nous n'avons pu reconnaître la modération que M. Gaberel se plaît à y découvrir [1].

Quelles étaient pourtant les fautes dont Castellion s'était rendu coupable aux yeux des théologiens de Genève, et qu'ils lui imputaient maintenant comme autant de crimes?

Avant tout, c'était d'avoir dans ses notes combattu leurs dogmes favoris, et élevé des doutes sur la valeur religieuse d'un des livres de l'Ancien Testament. Puis, d'avoir dans toute l'étendue de sa traduction, sacrifié la lettre à l'esprit, et compromis la Trinité en traduisant Genèse, 1, 2 et suiv. ויאמר אלהים par *Deus jussit* au lieu de *Deus dixit*.

Castellion avait voulu que sa traduction fût *latine*, et il avait remplacé les mots d'une latinité douteuse, tels que *Ecclesia, synagoga, baptismus, angelus*, etc. par *Respublica, collegium, lotio, genius*; qu'elle fût *claire*, et il avait remplacé les hébraïsmes et autres mots qui nécessitent des annotations, par des périphrases explicatives; qu'elle fût *fidèle, que le style fût approprié aux divers sujets*, et il avait fait bon marché de certaines interprétations consacrées et traduit par exemple le Cantique des Cantiques, qu'il considérait comme un chant d'amour, en donnant à son discours une couleur appropriée à ce genre de poésie.

Mais on ne rompt pas impunément avec la routine, et

---

[1] J. Gaberel, *Histoire de l'Église de Genève*, tome II, p. 206. Quand par exemple (p. 6), de Bèze s'écrie : «Puisses-tu périr seul et périr mille fois, ô le plus impur de tous les Pélagiens !» on se demande, si c'est là de la modération, et surtout de la charité.

on ne parvient à son but qu'après avoir fait en chemin de nombreuses chûtes.

En recherchant pour sa traduction une latinité irréprochable et une élégance toute classique, Castellion eut le tort de proscrire certains mots consacrés par l'usage, et de les remplacer par d'autres qui n'étaient pas équivalents ou qui même n'auraient pas dû trouver place dans sa Bible.

Ainsi quand il applique à Dieu les épithètes payennes de *armipotens, bellipotens,* quand il remplace *sol* par *Phœbus,* il fait involontairement songer à ces sceptiques italiens de la Rennaissance, qui appelaient les *Saints* des *Dieux,* et parlaient de la descente de Christ au Styx ou au Cocyte. On s'étonne encore, de rencontrer dans sa traduction française, les *Faunes,* les *Titans,* les *Sylvains;* d'y voir employés des mots qu'il a lui-même «forgés sur le français,» tels que *déâtre* pour *fausse divinité,* *campanage* pour *sacrifice non sanglant,* *compagnon gendarme* pour *compagnon d'armes,* et on ne peut s'empêcher de blâmer avec de Bèze cette traduction de Jacques II, 13 : *La miséricorde fait la figue au jugement.*

La Bible française de Castellion, il faut en convenir, laisse beaucoup à désirer sous le rapport de la langue, et il y a quelque chose de vrai dans cette exagération de Th. de Bèze : «L'habitant du Poitou, dont l'idiome est pourtant «le plus barbare de France, ne saurait supporter un sem-«blable jargon[1].»

[1] Les traducteurs de Genève, si prompts à la critique, ne faisaient pas toujours preuve d'un goût exquis. Ils rendent ainsi Cant. des Cantiques III, 6 : «Qui est celle qui monte du désert comme colonnes de fumée, par-«fumée de myrrhe et d'encens, de toutes les épiceries d'un apothicaire?» (Version de 1561).

Mais ces concessions faites, on doit protester contre les jugements calomnieux du jésuite Garasse et de Henri Estienne, qui, tous deux, lui ont attribué certaines expressions qu'on ne rencontre nulle part dans ses traductions. Il n'est point vrai qu'il ait «traduit l'Écriture en véritable porcher» comme le veut le premier[1], ni qu'il ait fait parler aux écrivains sacrés «le langage des gueux pour égayer le peuple» ainsi que l'affirme le second[2].

En cherchant à rendre sa Bible populaire, il fut conduit à faire au langage de la foule des emprunts trop fréquents, et ne sut pas éviter de tomber dans la trivialité. Cela, joint à l'opposition systématique que plusieurs faisaient à tout ce qui sortait de la plume de Castellion, explique suffisamment l'oubli dans lequel est tombée une traduction, qui pourrait être, même aujourd'hui, consultée avec fruit. Quant à la Bible latine, on la jugerait mal, si on la jugeait d'après les passages incriminés. Les ennemis de Castellion, qui nous en ont fait connaître les défauts, ont eu garde de parler des précieuses qualités qui la distinguent.

Quelques fragments pourront paraître affectés, dépouillés de la couleur orientale, mais, une simple lecture suffira pour montrer que le style est toujours approprié aux divers sujets et que l'ensemble de l'œuvre brille par l'élégance, la correction et la clarté. Quoi qu'en dise de Bèze, Castellion avait toutes les qualités qui font le traducteur : Une parfaite connaissance des langues, et une foi sincère jointe à une indépendance de pensée bien rare en son siècle.

[1] Garasse, *Doctrine curieuse*, p. 203.
[2] Henri Estienne, *Apologie d'Hérodote*, liv. I, ch. 14.

Enfin il ne s'était épargné ni les veilles, ni les sacrifices, pour mener son travail à bonne fin, et, par ses essais de traduction, il avait provoqué de la part des savants du temps certaines remarques qu'il sut mettre à profit.

Laissons à Calvin et à ses partisans trop zélés leurs critiques amères. Laissons dire à *de Thou* «que Castellion, «par une témérité insolente, a osé porter ses mains im-«pures sur les Saintes Écritures;» à *Sénebier,* «qu'il fut «le *Berruyer* de son siècle;» à *Génébrard* «que sa tra-«duction a plus d'éclat que de solidité, plus de fumée que «de feu;» au jésuite *Garasse,* qu'il a «en vray charpentier «charpenté l'*Écriture.*»

A ces jugements, qu'inspirèrent des préoccupations dogmatiques ou confessionnelles, nous avons à opposer les appréciations d'hommes dont l'opinion est de quelque valeur.

Mélancthon, à qui Castellion avait adressé un exemplaire de la Bible, lui en accusa réception par une lettre flatteuse. «Depuis que je connais, lui disait-il, ta manière «d'écrire, je fais le plus grand cas de toi, car un style «élégant est l'indice certain d'un esprit prudent et judi-«cieux, d'une âme vraiment vertueuse.» *Buxtorf* reconnaissait tout le soin que Castellion avait apporté à sa traduction; *Budée* convient qu'elle ne manque «ni d'élégance «ni de clarté [1]» et nous savons d'ailleurs que pendant le cours du XVII˙ et du XVIII˙ siècle, elle a été très-estimée en Angleterre, et surtout en Allemagne. En France même, il s'est trouvé de nombreux critiques qui ont rendu justice à Castellion.

[1] *Isagog. histor. theol.,* tome II, p. 1540.

Jean Leclerc le citait comme un des rares écrivains qui aient traduit la Bible avec intelligence et indépendance tout à la fois. Certains théologiens catholiques l'ont aussi jugé avec quelque impartialité. Sans parler de *Richard Simon* qui n'hésite pas à déclarer que le professeur de Bâle avait une connaissance plus parfaite du grec et de l'hébreu, que les théologiens de Genève, *Ste-Marthe*[1], *Daniel Huet*[2], *Jacques le Long,*[3] l'abbé de *Bellegarde*[4] ont porté sur lui des jugements, qui, malgré les réserves habituelles à ces auteurs lorsqu'ils critiquent un protestant, nous paraissent des plus flatteurs.

Enfin parmi les savants modernes, M. le professeur *Reuss*[5], MM. *Haag* dans la *France Protestante*, déclarent, tout en relevant de nombreux défauts, que la traduction de Castellion occupera toujours un des premiers rangs parmi les productions de ce genre. Du reste, il serait superflu de s'arrêter davantage à discuter la valeur d'un livre qui a eu plus de 10 éditions. Il nous semble impossible, pour quiconque juge sans parti pris, de n'en pas reconnaître le mérite, et de ne pas convenir que c'est là un des plus beaux monuments de la critique biblique au XVIe siècle.

---

[1] *In Elog. Doct. Gall.*, lib. II.
[2] *Declar. interpret.*
[3] *Biblioth. sacra*, II, p. 695.
[4] *Réflexions sur l'élégance et la politesse du style*, p. 425.
[5] *Geschichte der Heil. Schr. N. T.*, § 487.
[1] Plusieurs livres publiés séparément n'ont pas eu moins de succès. Nous citerons les *Psaumes* (réédités en 1840 à Berlin), le *Nouveau Testament* (édités trois fois), les *Notes*, etc.

VII.

Dernières années et dernières querelles. — Mort de Castellion. — Famille et amis. — Écrits posthumes.

Ces travaux, quelle que fut leur importance, n'améliorèrent que médiocrement la position de Castellion. Sa Bible latine qui lui avait coûté cinq années de travaux assidus, lui fut payée 70 rixthalers (500 fr.) ! et sa traduction Française lui rapporta moins encore. L'éditeur *Hervage* lui avait promis un demi-florin par semaine, à condition que son travail ne durerait pas plus de deux ans. Castellion y employa trois années, et la dernière, il ne toucha rien. Convenons-en avec lui, «si Satan a inspiré son œuvre, «Satan ne s'est pas montré bon prince.»

Comme autrefois, l'amitié vint à son secours. Quelques personnes de Dordrecht lui firent parvenir 100 fr. «afin qu'il pût travailler avec moins de gêne à l'avancement du règne de Dieu.» En 1562 il fut, par l'entremise de son ami *Zerchintes* appelé à Lausanne comme professeur. On lui offrait, outre le logement et divers dons en nature, 200 florins. Cette fois l'Académie craignit de le voir partir et se décida à augmenter son traitement. C'était enfin *l'aurea mediocritas* dont parle le poëte, mais Castellion ne devait pas en jouir longtemps. Calvin et Théodore de Bèze continuaient à le peindre sous les plus sombres couleurs. Déjà pour répondre à leurs attaques peu charitables, il avait écrit en 1558, sa *Defensio ad authorem libelli cui titulus est calumniæ nebulonis.* Il y reprochait à Calvin tout l'odieux de ses accusations. *Vocas me*, lui disait-il dans un passage qu'il nous répugne de traduire) *blasphemum calumniatorem, canem latrantem, plenum ignorantiæ et bestialitatis, plenum impudentiæ, impostorem, sacrarum litterarum impurum corruptorem, Dei prorsus derisorem, omnis religionis contemptorem impudentem,* «*impurum canem, impium, obscænum, torti perversi que* «*ingenii, vagum, balatronem* [1].» Et il ajoutait: «Vous «vous efforcez, toi et tes amis, de me rendre odieux à «tout le monde et vous y avez en partie réussi. Dernière-«ment quelques jeunes Français venus de Strasbourg «furent aussi surpris qu'indignés de voir que celui qu'on «leur avait dépeint comme un personnage des plus dan-«gereux, n'était qu'un petit homme, sans autorité, vivant «tranquille au sein de sa misère.... Jusques à quand «méconnaîtrez-vous ainsi les saints devoirs de la charité?»

Mais ses ennemis étaient impitoyables. A défaut d'arguments solides, ils avaient employé la calomnie. On lui attribuait maintenant des propos où l'odieux le disputait au ridicule. — De Bèze, qui l'avait mis en scène dans sa comédie du *Pape malade*, sous le personnage de l'*Ambitieux*, l'accusa d'avoir dit un jour à ses élèves qu'il n'était plus qu'à deux mille pas de la perfection, et s'il faut en croire Garasse, Calvin aurait écrit quelque part, que lorsque Castellion buvait, il avait coutume de dire avant de goûter le vin «*Tu quis es?*»; Puis l'ayant goûté, s'il était médiocrement bon, il répondait : «*Ego sum qui sum ;*» mais s'il était excellent, il répondait : «*Hic est Filius dei vivi.*»

[1] Seb. Castellionis, *Defensio*, p. 370, Francfort 1696.

Tout cela nous montre de quel esprit ses adversaires étaient animés. Rien ne put les toucher ; ni les tentatives qu'il fit pour se rapprocher d'eux, ni le spectacle de ses malheurs. Des veilles prolongées, des soucis domestiques, des privations fréquentes, finirent par ruiner sa santé. Au commencement de 1563 une fièvre lente le saisit, qui devait le conduire au tombeau ; mais il était décidé qu'on ne lui laisserait pas même la liberté de mourir en paix.

Précédemment il avait été chargé par plusieurs éditeurs Bâlois de traduire, à prix d'argent, divers ouvrages, et c'est ainsi qu'il avait donné la traduction des *Commentaires* d'Ochin sur l'Épitre aux Romains. En 1563 il traduisit pour Oporin, *trente dialogues* du même auteur sur différents sujets. Aussitôt on le rendit solidaire des hérésies qui y étaient contenues et, de nouveau, on reprocha aux autorités de Bâle leur «*lâche tolérance.*»

Une accusation partie de Genève leur signalait Castellion comme un membre de la secte des *libertins,* un *Papiste,* un *Académicien,* un *Anabaptiste opinâtre.* C'était un Pélagien qui blasphémait la grâce de Dieu, et on appelait sur lui les rigueurs du bras séculier [1].

Ces plaintes furent écoutées : Par les ordres du Sénat, le Recteur Simon Sulcer se rendit auprès de Castellion que la maladie retenait au lit, et après lui avoir donné connaissance des accusations dont il était l'objet, lui renouvela la défense de rien publier qui pût choquer ses tout-puissants adversaires. Le malade trouva encore la force de protester contre la violence qui lui était faite.

---

[1] Vers le même temps, un calviniste ardent, *Adam Bodenstein*, soutenait les mêmes accusations dans un pamphlet publié à Strasbourg.

Il adressa à Calvin une nouvelle apologie manuscrite [1] et réclama du Sénat de Bâle qu'il lui fût permis de se défendre. Cette fois, sa douceur, son ardente charité l'ont en partie abandonné. «Que mes ennemis, s'écrie-t-il, «prouvent que je suis un *Libertin* ou un disciple de Pé-«lage!... Ma vie, mes écrits sont là pour les confondre. «Ils disent que je nie la grâce? mais tous mes livres at-«testent que je regarde le salut comme un don gratuit de «Dieu; que je suis vendu au pape? Ma pauvreté ne prouve-«t-elle pas le contraire? Souvent il m'a été fait des offres «brillantes, je les ai toujours repoussées; que je suis «animé de l'esprit des Anabaptistes? eux le savent.... «Ce que je pense, ce que j'ai écrit, je l'avouerai volontiers. «J'ai écrit et je crois à cette heure, que les controverses «entre les théologiens ne peuvent être tranchées qu'avec «le secours de l'esprit de Dieu.» Et, à son tour, Castellion défiait Calvin et Théodore de Bèze : «Puisqu'ils sont si «bien persuadés de la vérité de ce qu'ils avancent, qu'ils «comparaissent devant vous, Messeigneurs. Je balbutie à «peine quelques mots d'allemand, mais je n'en suis pas «moins prêt à défendre ma cause devant votre tribunal, «et à porter ma tête sur l'échafaud si je suis reconnu cou-«pable. Quant à eux, s'ils ne peuvent soutenir devant vous «ce qu'ils n'ont pas craint de publier dans le monde entier, «il sera juste qu'on les tienne pour des calomniateurs [2].»

Castellion écrivait ceci le 24 novembre. Le 4 décembre, il adressa au clergé un manuscrit qui résumait ses opi-

---

[1] *Pro Sebast. Castellione adversus Genevensis ecclesiæ ministros in qua, permulta quæ cognosci interest ecclesiæ deteguntur.* — Voir *Journal helvétique*, mai 1776, p. 79.

[2] Voyez Jakob Mæhly, *op. cit.*, pièces justificatives, p 104-109.

nions sur la prédestination. Ce furent les dernières lignes qui sortirent de sa plume. Sur sa demande, il avait été décidé qu'une nouvelle dispute publique, entre les théologiens Calvinistes et lui, aurait lieu à Zurich.

Le 18 décembre on écrivit à Zurich, qu'il était au lit malade et qu'il viendrait se défendre dès qu'il serait mieux. Mais la Providence en avait décidé autrement. A la fièvre qui le minait se joignirent des douleurs de poitrine ; une chûte, un usage immodéré de lait vinrent encore aggraver son état. La haine si persistante dont il se sentait entouré l'avait d'ailleurs frappé au cœur. Ses amis désespérèrent de le sauver. Il vit venir la mort avec le calme d'un sage et d'un chrétien, et l'âme plutôt attristée qu'aigrie par les chagrins de toute sorte dont l'avait abreuvé la méchanceté des hommes, il expira le 29 décembre 1563.

Scaliger et Montaigne attribuèrent sa mort à ses nombreuses privations. «J'entends, dit ce dernier, avec une «grande honte de nostre siècle, qu'à notre veüe, deux «très-excellens personnages en sçavoir, sont morts en «estat de n'avoir pas leur saoul à manger : Lilius Grego-«rius Cyraldus en Italie et Sebastianus Castellio en Alle-«magne[1].» Mais à Bâle on considéra cette mort, comme la conséquence de tous les outrages qu'on avait fait subir à Castellion. «La bonté de Dieu, écrivait un de ses con-«temporains, l'a arraché à la cruauté de ses ennemis.» Tous les citoyens voulurent rendre les derniers devoirs à ses restes, et ses élèves tinrent à honneur de porter à la tombe les dépouilles mortelles de leur professeur. Il fut enseveli dans le tombeau de la famille des *Grynœus;* Sca-

---

[1] Montaigne, *Essais,* liv. I, chap. 54.

liger raconte que peu de temps après, le cadavre de Castellion fut déterré par leurs ordres et enseveli on ne sait où. Quels furent les motifs de cette profanation? Les uns ont prétendu que ses ennemis avaient voulu outrager sa mémoire; d'autres, que les Grynæus l'avaient fait exhumer, pour ensevelir un des leurs.

Quoiqu'il en soit de ce fait, dont l'authenticité a été contestée par M. J. Mæhly [1], trois Polonais ses élèves, pour perpétuer et honorer sa mémoire lui élevèrent dans la cathédrale de Bâle un monument, expression de leur amour et de leur admiration pour le maître qu'ils avaient perdu. Les poëtes du temps lui consacrèrent de nombreuses épitaphes [2]. Une d'elles disait :

Hic jacet heu! tristi raptus Castalio Parca
Accessit ripæ gloria, Rhene tuæ.

C'était bien en effet, une des gloires du XVIe siècle qui venait de s'éteindre.

Même après sa mort, ceux qui l'avaient persécuté durant sa vie ne surent pas lui rendre justice. Calvin, qu'il n'avait précédé que de quelques mois dans la tombe, se réjouit en apprenant sa triste fin. Bullinger et de Bèze remercièrent Dieu d'avoir délivré l'Église de ce dangereux hérétique, et ses ennemis mirent en général leurs consciences à l'aise en attribuant sa mort à la peste et en la considérant comme un juste châtiment de la Providence. Un Calviniste zélé, heureux sans doute de voir ses prières enfin exaucées, déclara que souvent il avait demandé à Dieu d'enlever de ce monde «cette peste de l'orthodoxie». Un étudiant genevois qui, à son retour de Tubingue, avait eu occasion de

[1] J. Mæhly, *op. cit.*, p. 81.
[2] J. Mæhly, *op. cit.*, p. 148-149.

voir Castellion, ayant osé dire à ses condisciples que c'était un homme de bien, fut mandé devant la compagnie des Pasteurs, et ne rentra en grâce qu'après avoir signé la confession de foi, et déclaré qu'en parlant avec éloge de Castellion, il avait en vue sa personne et nullement sa doctrine [1]. Le fils d'un des amis intimes de Castellion dut, pour se marier, maudire solennellement les erreurs du professeur de Bâle, et jusqu'au commencement de ce siècle, les calomnies de Th. de Bèze ont été scrupuleusement rééditées par les historiens genevois.

Au reste, tous les chagrins de Castellion ne lui étaient pas venus du dehors. Dieu l'avait aussi éprouvé dans sa famille[2]. La femme qu'il avait épousée à Genève était morte dans les douleurs de l'enfantement, en janvier 1549. En mars, sa fille Suzanne tomba malade et perdit les cheveux. En mai, sa petite Débora mourut. Il avait encore des enfants en bas-âge; la seconde mère qu'il leur donna au mois de juin de la même année, ne ramena pas le bonheur sous son toit. « L'amour et l'amitié sont aussi glacés qu'un « vent hyperboréal, » écrivait-il 4 ans après, à un de ses amis intimes. Il laissa huit enfants. Le plus jeune, Frédéric Chateillon, le seul qui nous soit bien positivement connu, était encore à la mamelle lorsque son père mourut. Il fut plus tard pasteur à Huningue, puis professeur de grec et d'éloquence à l'Académie de Bâle [3].

Castellion avait trouvé dans les Ammerbach, les Argentieri, les Platers et bien d'autres, des protecteurs et

---

[1] Registres de la compagnie des pasteurs, 28 septembre 1564.

[2] Voir J. Mæhly, *op. cit.*, p. 68-69.

[3] Peut-être faut-il voir un autre fils de Castellion, dans ce François Castilione dont il est parlé, *Bulletin du Prot. français*, tome XII, p. 269

des amis dévoués. Il fut toujours lié avec Nicolas Episcopius, Bernardino Ochino, Lælius Socin, Cælio Curione[1], et vécut dans la plus douce intimité avec le juriste Zerchintes. Le cœur de ses élèves était tout à lui. Tous admiraient son savoir et plusieurs allaient jusqu'à faire appel à l'épée, lorsqu'on osait attaquer leur maître devant eux. Ils furent en divers pays les propagateurs de ses idées, et continuèrent ses traditions libérales.

A sa mort on trouva dans ses papiers plusieurs ouvrages inédits. Quelques-uns furent publiés par Fauste Socin, qui prit à cette occasion le pseudonyme de Félix Turpio. Ils parurent en 1578 sous le titre de : *Sebastiani Castellionis Dialogi. IV. De prædestinatione, de electione, de libero arbitrio, defide. Ejusdem opuscula quædam lectu dignissima, omnia nunc poimum in lucem data.* Deux autres ouvrages, peut-être perdus aujourd'hui, n'ont jamais été publiés. Ils avaient pour titre : 1° *Systema theologicum. (De interpretatione scripturæ, de arte dubitandi et confitendi, ignorandi et sciendi.)* 2° *Pro Sebastiane Castellione adversus Genevensis Ecclesiæ ministros, in qua permulta quæ cognosci interest ecclesiæ deteguntur.*

Les Lettres qui nous restent sont sans importance, et quant aux autres ouvrages[2], qui lui ont été attribués, outre qu'ils sont d'une authenticité douteuse, ils ne nous présentent pas Castellion sous un jour assez nouveau, pour qu'il y ait lieu d'en parler ici.

---

[1] Calvin dit bien que Curione et Castellion étaient entre eux comme chien et chat, mais il n'entend parler que de leurs doctrines.

[2] *Anti-Inquisitor contra calumniam et calumniatores, veteres et modernos, authores et fautores perniciosissimi belli inter Christianos* (sans nom de lieu), 1595, et *Rutilii Itinerarium*, Amsterd. 1687.

CONCLUSION.

Notre étude est terminée. Puisse-t-elle contribuer à faire mieux connaître une des figures les plus intéressantes du XVIme siècle.

On pourra, sans doute, reprocher à Castellion de ne pas avoir fait toujours une opposition ouverte à Calvin, d'avoir à propos de certains livres sortis de sa plume, transigé avec la vérité ; mais on sera obligé de reconnaître que la douceur et la modestie faisaient le fond de son caractère, et avec plusieurs de ses ennemis on rendra justice à la sainteté de sa vie et à la pureté de ses mœurs.

Physiquement il était petit et chétif, mais il puisait dans ses rapports avec Dieu, une grande énergie morale. Bayle le blâme d'avoir fait «le spirituel et le dévot» et de s'être «mêlé des questions les plus obscures de la théologie»; tout au moins aurait-il dû s'appliquer le conseil d'Ésope, «et ne s'approcher des Maîtres que pour leur dire des choses agréables». Le sceptique n'a pas compris qu'il est des hommes pour qui la conscience a plus de poids que toutes les considérations humaines, et Castellion était de ceux-là.

Sa science a été reconnue de tous. Il l'employa à avancer le règne de Dieu et à servir l'humanité. Ses traductions de la Bible, ses ouvrages sur la tolérance, sont là qui en font foi.

Quant à ses opinions théologiques, elles n'étaient pas toutes exemptes d'erreurs ; mais s'il vivait de nos jours, il aurait la joie de voir celles qui contribuèrent le plus à le faire qualifier de *fantastique* et d'hérétique dangereux, adoptées par le protestantisme. La prédestination calviniste qu'il combattit toute sa vie n'est plus en honneur qu'auprès de quelques communautés obscures, et comme lui, la plupart des chrétiens d'aujourd'hui distinguent dans les Saintes Écritures l'élément humain et passager, de l'élément divin et éternel.

On peut le dire : ce fut le premier protestant qui comprit véritablement les droits de la conscience. Pour lui la religion du Christ a, avant tout, pour but de changer le cœur. Sous quelque point de vue qu'on saisisse Jésus, peu importe, pourvu qu'on en cherche la parfaite image dans les Écritures, avec le secours de l'esprit. Toutes les opinions lui sont sacrées; une seule chose est nécessaire : c'est que l'individu renaisse à une nouvelle vie. Il veut que l'esprit ne soit plus étouffé sous la lettre et que le christianisme se débarrasse des restes de judaïsme qui entravent sa marche. Étrange et admirable personnalité qui unit en elle la largeur de vues et l'indépendance d'un Rousseau à la piété mystique d'un Spener ou d'un Schleiermacher !

En réalité le rôle que Castellion a joué est plus considérable qu'on ne le croirait tout d'abord. Popularisées en Pologne par certains de ses élèves, ses idées trouvèrent encore et de bonne heure des partisans en Hollande. En France et en Suisse le parti des *Castellionistes* était assez nombreux pour inspirer des craintes aux Calvinistes et pour provoquer de la part de ces derniers les mesures les plus sévères. Enfin, si on songe au succès qu'eurent en Allemagne plusieurs des ouvrages de Castellion on peut, sans trop sehasarder, affirmer que ses idées n'y furent pas sans influence sur les destinées de la théologie.

Pourquoi donc la réforme française a-t-elle oublié de le revendiquer comme une de ses gloires ? Il a sa place marquée dans l'histoire, à côté de Calvin ; et quant à nous, sans prétendre les égaler l'un à l'autre, nous partageons nos sympathies entre deux hommes si différents d'idées et de caractère, mais qui avaient pourtant deux points essentiels communs: Une foi également vive, et le désir ardent de voir la vérité triompher et se propager dans le monde.

<table>
<tr><td>Vu,
Strasbourg, le 26 décembre 1866,
Le Président de la soutenance,
C. SCHIMDT.</td><td>Permis d'imprimer,
Strasbourg, le 28 décembre 1866,
Le Recteur,
A. CHÉRUEL.</td></tr>
</table>

www.ingramcontent.com/pod-product-compliance
Lightning Source LLC
LaVergne TN
LVHW020326100426
835512LV00042B/1723